다시,
봄

다시, 봄

펴낸날 초판 1쇄 발행 2024년 6월 19일
지은이 김미희
디자인 고시영
표지 그림 김이진
사진 김미희

펴낸곳 봄담
펴낸이 민영구
출판신고 2024년 5월 3일 제460-2024-000004
주소 충청남도 홍성군 홍동면 금평1길
전화 070-7633-2256
이메일 openart7@hanmail.net

ISBN 979-11-987751-0-8   03800

• 책값은 뒤표지에 있습니다.
• 잘못된 책은 구입하신 곳에서 바꾸어 드립니다.

다시, 봄

봄을 담은 집 에세이

김미희

지금 이 순간

여기에 존재할 수 있어 다행입니다

시작하면서

이곳에서 곡우를 지냈습니다.

곡우에 비가 오면 그해 풍년이 든다고 합니다. 또 5월 5일이 지나면 모든 작물을 땅에 심어도 된다고 합니다. 곡우와 함께 24절기는 아직도 우리 농사일과 잘 맞습니다.

절기 이야기에 이렇게 귀 기울이는 시간을 맞이할 줄 몰랐습니다. 소중한 이야기를 낯설게 받아들이는 저는, 잔뜩 긴장하면서도 미안한 마음이 듭니다.

석가탄신일인 오늘 봄비가 오고 있습니다.

홍성에서 맞이하는 첫 봄이자, 초록의 세상이 바람에 흔들리는 시간입니다. 우리 동네 그림작가의 '합판 위에서 김매기' 전시를 보고 왔습니다. 참, 희한합니다. 서울에 살 때는 바빠서 '문화생활'은 영화보기 정도였습니다. 친구랑 전시회에 다녀온 것도 오래 전입니다. 그 친구랑 "우리 시간 나면 또 오자" 말한 지도 벌써 삼 년이 지난 듯합니다. 서울은 너무 바빠 전시회 다녀온 것이 엊그제 같은데 생각하면 몇 년이 훌쩍 지나가 있습니다.

그런데, 이곳으로 이사 와서 '즐겁게 놀기'를 제대로 하고 있습니다. 일부러 찾지 않아도 '잎밴드'(홍성지역화폐거래소잎)에 다양한 정보가 올라옵니다. 아직은 늘 고마운 마음으로 즐기고 있습니다.

봄담에는 밭이 있습니다.

저는 오자마자 여름맞이를 했습니다. 농부의 도움으로 들깨도 심고, 김장을 위한 무, 배추, 총각무, 쪽파 등을 심었습니다.

밭이 저를 불렀습니다. 땅이 주는 욕망으로 손가락이 펴지질 않는데도 밭에 나갔습니다. 왜 그렇게 나가고 있는

지 아직 잘 모릅니다. 다만, 조금만 하려고 합니다. 욕심을 내려놓아야 오래 오래 이곳에서 살 것 같습니다. 땅에 쭈그리고 앉아 풀멍하다, 질고 진 봄담 밭에서 호미질을 하다 보면 시간이 너무 빠르게 지나가는 바람에 잠시 착각하게 됩니다. 내가 여기 왜 왔을까? 하구요. 적어도 몸과 마음을 혹사하지 않으려고 선택한 것인데, 땅이 자꾸 불러댑니다. 온 지 얼마 안 되지만 겨울을 지내면서 다시 결심했습니다.

그래서, 이제는 하루에 3시간을 넘기지 않으려고 합니다.
저는 지금, 나이 60을 맞이했습니다. 환갑이 되는 나이이기도 합니다. 제 나이에 이렇게 시골에서 집을 짓고 살아간다는 것은 참 다행이고, 감사한 일입니다.

이 책은 집짓기 시작할 때 기록을 남기고자
'다음 브런치 스토리'에 올렸던 것이 시작입니다.
그러다, 고민하게 되었습니다. 나에게 다정하려면, 일단 '나에게 용기'를 줘야 하지 않을까? 하고요. 그래서, 제 나이 60살을 맞이해 출간하게 되었습니다.

올렸던 글을 조금 고치고, 더하고, 빼고 하면서 책으로 묶었습니다. 책을 출간해 준 남편이자 발행인인 민영구 대표에게 먼저 고맙다고 전합니다. 디자인뿐만 아니라 편집 의견도 아낌없이 해준, 오랫동안 함께 일해 온 디자이너 실장 고시영, 그의 손길로 책이 예쁘게 나왔습니다. 기꺼이 큰고모의 표지 그림을 그려 준 조카 김이진, 회사 다니느라 공부하느라 바쁜데도 늘 따뜻한 조언을 아끼지 않았던 신경미, 「다시, 봄」 제호 아이디어를 준 산청간디중학교 13기 회장 권병오, 책의 마지막을 꼼꼼히 읽어준 성연희 그리고 엄마의 해방을 지지해 주고 또한 자신들의 삶을 열심히 살고 있는 나의 아이들에게 진심으로 감사하다는 말을 전합니다.

2024. 5. 15. 봄담에서

김미희

차 례

시작하면서 6

1부
인생, 참

농부 시부모를 만나다 15
집 된장 21
저녁 무렵 24
소박하게 이어오는 가족 26
마침내, 살 만하니 29
말이 되는 소리 32

2부
지는 해가 아름다운 홍성

발품 시작 37
땅 뒤에 무덤이 50
햇살이 따스한 마을 초입 58

3부
내가 살았던 삶에 대한 기억 몇 편

나의 할머니 65
역마살이 있는 거라면 76

4부 볼담을 위한 칸타빌레	집을 지을 차례다 87 거룩한 밥상공동체 95 소란스런 인생 103 조용한 상처 108 다정하게 대하자 109
5부 직영으로 집짓기	나에게 맞는 집을 찾아 115 집짓기, 누구랑 120 평면도와 마주하기 128 공간의 의미 생각하기 136 볼담이 되어가다 157
6부 볼담의 하루	4월의 홍성역 177 깻잎과 풀 183 김장배추, 무 그리고 '돈' 187 밥 한 끼의 연대, 한 공기의 사랑 193

1부

인생, 참

농부 시부모를 만나다

　　　　　　집을 짓는 꿈, 시골에서 느리게 살고 싶다는 환상의 시작은 아마 내 삶에 깊숙이 들어온 온갖 희로애락을 도망치지 않고 고스란히 품고 살아왔기 때문이라고 생각한다. 나와는 다른 결의 삶인 낯선 농사일은 상상만으로도 엮어지지 않음을 안다. 어설프게나마 힘듦을 아는 정도지만 결코 내가 할 수 없는 영역의 세계이기 때문이다.

중소도시 주변에서 살아왔던 나는 시골에서 살 자신이 없었다. 결국 시골로 귀농해서 농사 짓는다는 것은 엄두도 내지 않았다. 다만 막연하게 귀촌으로는 받아들이게 되었다. 그런 생각을 가지고 결혼 초부터 우리는 노년을 시골에서 살고 싶어했다.

막연한 로망이다. 경상도 남자, 그것도 진짜 '촌사람'을 경기도 사람이 만났다. 끝과 끝 사이에 어디쯤 연(緣)이 닿았는지 서로 다른 문화에서 다르게 살다 만난 것이다. 그때 나는 경상남도 산청이라는 곳을 처음 알았다. 서울에서도 아주 먼 곳이고, 지금도 시골이다.

산청은 남편이 태어나고 성장한 곳이며 지금도 시부모님이 사는 곳이다. 평생을 농부로 고향을 지키고 사는 시부모의 삶은 고되고 힘들지만, 그 삶을 나의 현실로 받아들이지 않았다. 오로지 시어머니의 삶은 시어머니의 삶이고, 내가 꿈꾸는 시골 생활은 또 다른 판타지로 여길 뿐이다. 결혼이란 한 사람의 생을 받아들여야 한다는 사실을 결혼하고 알았다. 내 가족 전체의 삶과 남편 가족 전체의 삶이 서로 다르게 살다 갑자기 만나는 것이 결혼이다. 달라도 너무 다른 문화와 관계가 만나 오늘을 만든다는 사실이 낯설었다. 오직 남편이라는 사람만 생각하고 만난 나는 당황했고 아직도 가부장적이고 위계질서가 명확한 시댁이라는 세계가 어지럽다. 27년이라는 시간이 흘렀지만 지금도 적응하지 못하는 것이 너무 많다.

그럼에도 불구하고 명절이나 생신날 찾아뵙고 돌아오는 길에 챙겨주신 온갖 것을 염치없이 가득 싣고 온다. 계절마다 땅에서 나오는 쌀이며, 감자, 마늘, 고추, 열무, 양파, 깨소금, 된장, 고추장, 고춧가루, 멸치 액젓, 들기름, 참기름, 집(조선)간장 등 세상 귀한 것을 한 번도 사 먹지 않았다. 한 번씩 해가 뉘엿뉘엿할 때쯤 감사함이 저절로 나왔다. 자식들이 세상 밖으로 나가 살다 집에 오면 부모는 따뜻한 밥 한 공기를 먹이고 싶어한다. 도시는 모든 것을 돈으로 사야 하지만, 시골은 도시하고 달랐다. 무엇이든 보따리 보따리 한 아름씩 안겨 주었다.

도시에 사는 부모들은 주고 싶어도 돈이 없으면 줄 것이 만만치 않다. 준다 해도 돈을 주는 일이 더 자주 일어난다.

그런데 농부인 부모는 자신의 몸이 일을 할 수 있을 때까지 논으로 밭으로 나가 일한다. 비교할 수 없지만 나의 시댁은 풍성했다.

그동안 나는 밭일을 제대로 도와드리지 못했다. 제대로 할 줄 아는 일도 없었을뿐더러 집안에 행사가 있는 날만 내려가기 때문에 그저 얻어먹는 재주만 세월만큼 늘어났다. 그런 내가 시골살이를 자처한다는 것이 영 시원찮았지만, 그래도 시부모님이 주신 영향이 전혀 없지는 않은 것 같다.

시골 농부의 아내들은 대부분 그랬을 거다. 우리 시어머니도 마찬가지였다. 열여덟 살에 시집 와서 지금 쌀 창고가 있는 마당 건너 작은 곳에서 조부모의 3년 상을 치렀다. 그 어린 나이부터 농사꾼의 아내로 살면서 자신의 인생은 생각조차 하지 못한 채, 그저 이 집의 며느리로 평생을 살았다. 막내며느리임에도 조상이 있는 산청에서 농사를 짓고, 사돈의 팔촌이 와도 손님상을 차렸던 어머니의 삶은 이제 자식들의 가족까지 먹여 살리는 삶을 살고 계시다. 오랫동안 연골은 닳고 닳았고, 아픔도 그만큼 참고 참았던 시간이다. 나는 가끔 그런 생각을 한다. 아직도 우리나라는 며느리가 없으면 안 되는 것 같다고 말이다. 아무리 발버둥쳐도 어머니 시대의 딸들은 출가외인이다. 죽을 때까지 시집의 모든 살림을 도맡아 해야 한다는 이야기이다. 본인 삶의 일상은 오직 남편과 시댁, 그리고 자식과 손주들을 위해 밭에 나가 땅을 일구고 계신다. 어머니는 화장을 안 하신다. 얼굴은 검고 주름살이 굳어서 피부 또한 거칠다. 가끔 어머니와 목욕탕에 가서 때를 밀어 드리지만 그렇다고 어머니께 묻지 않는다.

"어머니, 어머니는 가장 하고 싶은 것이 뭐예요?"

자식들 먹이기 위해 해 뜰 무렵부터 해 질 녘까지 고단해도 땅에서 살아오신 그분들의 삶이 현실로는 애달프게 다가왔지만, 내 마음은 다른 시골 삶을 꿈꾸고 있다.

감사한 마음이 저 밑바닥에서 올라오는 것은 아마도 한결같이 자식들을 위해 지금도 밭일하시는 모습이 떠오르기 때문이다.

올해는 그만하시기를 바랐지만, 어머니는 여전히 "너희들 줄 것은 당연히 해야지" 하신다.

집 된장

1.
날이 살살 가슬가슬해지면
시어머니는 한 해도 거르지 않고
메주콩을 가마솥에 뭉근하게 삶아
겨우내 구들장에서 띄웁니다.
날이 차지니, 아궁이에 불을 지피고
신앙촌 담요로 꼭꼭 숨긴 메주에서

어느새

구수한 맛을 풍기는
흰곰팡이, 푸른곰팡이들이
뭘 잘못했나 싶어
쭈뼛쭈뼛 망설이다
어머니의 환한 모습에 활짝 핍니다.

다시, 봄 - 인생, 참

2.
아담한 담 뒤뜰에는
된장, 고추장, 간장
멸치 액젓 항아리들이
햇빛과 바람과 비를 받고
오늘도 자식들의 안부를 묻습니다.

변함없는 세월을 담담히 담아
두 손 모아 빌었을 자식들의 안녕
젖동냥으로 키웠다던 막내도
밥 먹고 사는데
어머니의 무릎은
오늘도 안녕하지 못합니다.

3.
뚝배기에서 보글보글 끓고 있는
구수한 저녁 밥상머리
밥 투정하는 아들의 입 짧은 모습조차
복에 겨운 오늘,
아주 잠깐의 시간이 흐르면
해 주고 싶어도 해 줄 수 없는 밥상에

지금, 시골로 달려갑니다.
어머니를 뵈러 갑니다.

다시, 봄 - 인생, 참

저녁 무렵

마늘쫑을 솎아내기에는 이른 날
경상남도 산청 오부면 시댁을 떠나
서울 마포구 성산동 집으로

붉은색과 검은색 조화가 외로워 보이는
답답한 경부고속도로

서울의 일상을 집어삼켜서
좋았던 그 곳을
오늘 만이라도
집으로 데려가고 싶지만,
길이 멀다.

나의 현실은 거친 백미러들에
갇힌채 숨이 막히고
아궁이에 군불 지핀 하룻밤 기억은
이미 길에서 소외된다.

밀리는 차들이
집으로 가고 싶어 안달난 것처럼
익숙한 외로움은
벌써 잊는다.

소박하게 이어오는
가족

시어머니의 삶이 녹록지 않았음을 알기에 나는 산청으로 귀촌하지 않기로 했다. 아마도 결혼할 때부터 남편과 나는 어머니의 삶을 통해 자연스럽게 설득된 듯싶다. 시골에서 터를 잡고 대대손손 살아온 시가媤家의 며느리였던 어머니는 그 집안의 막내임에도 불구하고, 고향에 남아 있다는 이유로 본인의 삶은 생각조차 하지 못한 채 그렇게 평생을 살아오셨다.

땅은 언제나 그대로 그 자리에 존재한다. 나무는 누군가가 베어버리면 사라지지만, 땅은 개발이라는 명목으로 파헤쳐도 그 자리에 있다. 밭으로 논으로 대지로, 집을 지키는 뿌리로 우주의 근원이 되어 존재한다.

그렇게 땅이 주는 안전한 유혹이 나에게도 존재했음을 느낀다. 다만, 산청으로 가지 않을 뿐이다. 시어머니의 고단한 삶은 오늘까지도 느리게 느리게 이어지고 있다.

나도 그렇다. 아이가 태어나면서 인생의 나란 존재보다 더 애틋하게, 한순간에 '어머니'라는 이름으로 바뀌었다. 새롭게 생긴 우주는 순식간에 나의 무상무념의 이념조차 잡아 먹으면서 시시때때로 넘어지기도 하고 일어설 줄도 알아가면서 나름대로 성장했다.

서울에서 먹고 살기 위해 빠르게 돌아간 시간만큼 결혼생활도 가족이라는 소박한 자기편을 만들고 있었다. 결혼을 하면 바로 부부가 되고, 자식이 태어난다고 바로 가족이 되지 않는다. 지지고 볶는 그 시간과 공간이 존재해야 한다. 낳은 정보다 기른 정이라고 했다. 우리 부부도 아이들을 키우면서 삶의 섬세하고 세세한 시간을 함께 견디고 나아갔다. 나에게 가족은 그렇다. 슬픔과 분노조차 함께 견디는 시간이 존재해야만 비로소 가족이 된다. 나는 가족을 결혼이라는 제도 안으로 들어가서 만들었다. 정답은 아니다. 결혼과 나의 DNA를 물려받은 자식만이 가족이라 생각하지 않는다. 다만, 나는 그렇게 가족을 만들었을 뿐이다.

나는 안다. 어머니 시대가 지켜 온 땅이라는 안전지대에서 고귀한 생명력으로 소박하게 이어온 가족이라는 연대. 하지만, 딱 거기까지다.

지금 나의 가족은 서로 해방을 위한 삶을 만들어 가고 있다. 어설프지만 자기만의 땅에다 무언가를 심고 물을 주고 거름도 주면서 재미나게 살고자 노력하고 있다. 물론 제대로 열매가 열리고 그것을 수확해 다듬고 음식으로 만들어 입으로 들어가기까지 오랜 시간이 흐를 수 있다. 그래도 자기 자신에게 다정하게 하는 연습을 꾸준히 한다면, 어려운 순간 서로 힘이 되어 줄 수 있을 것이다.

마침내,
살 만하니

　　　　　나의 삶도 어김없이 인생이라는 곳, 어느 지점에서 책임을 위해 존재하기 시작했다. 아마도 첫 아이를 가졌을 때부터일 것이다. 생존이 곧 책임이라는 생각으로 일터에서 치열한 시간을 마주하면서 아이 둘을 키웠다. 뒤 돌아 볼 시간도 아까와 오로지 앞만 보면서 하루하루를 살았다.

그렇게 치열하다 못해, 아름다웠던 그 시간 끝에 제대로 쉬지도 돌보지도 않았던 '나'의 몸과 정신이 인생에게 결국 한 방 맞았다. 이제 그만 쉬라고 그러지 않으면 너의 남은 인생은 여기가 끝일 것이라고 말이다.

49살이 되던 그해 나는 결국 쓰러졌다. 피골이 상접해지면서 위장이 시도때도 없이 아파 겔포스를 달고 살았다. 위통(가장 큰 오해, 나는 대장암이었다)이 오면 쓰러질 듯이 뒹굴었지만, 그것이 생명을 좌지우지할 정도는 아니라고 여겼다. 하지만, 아니었다. 대장암 2기 말이란다. 한 해 동안 아픈 곳을 제대로 발견하지 못한 채 죽음의 문턱을 갔다 온 나는 죽지 않은 것에 감사했다.

사람은 아프면 별의별 생각이 다 든다. 더구나, 아픈 것이 죽음과 연결되어 있는 병에 걸렸다고 인식하면 '혼자'가 된다. 모든 존재가 나를 버릴 것만 같다. 이토록 강력한 두려움에 떨면서도 외로움으로 몸부림친다는 사실에 그만 정신까지 혼미해졌다.

사람들은 죽는 순간에 자신의 삶에서 가장 소중한 것을 먼저 생각한다고 한다. 나는 죽음 앞에서 결정해야 했다. 요양이라는 명목으로 한적한 곳에서 제2의 인생을 살 것인지, 아니면 가족과 함께 지낼 것인지 말이다. 그런데 그 순간에도 나는 가족을 잃어버릴 것 같아 온 힘을 다해 움켜쥐고 매달렸다.

병원에서 수술이 끝나고 마취에서 깨자마자 아이들이 너무 보고 싶었다. 특히 작은 아이가 걱정되어 먼저 찾았던 기억이 난다. 첫째는 중학생, 둘째는 초등학교 2학년이었다. 지금 생각하니 중학생도 어린 나이인데 첫째는 첫째라서 마음을 조금 내려놨던 것이 많이 미안하다. 어쩌면 사춘기를 겪고 있을 첫째 아이의 마음이 더 아프고 외로웠을 텐데.

하늘은 추웠고, 땅은 얼어붙어 다시는 봄이 오지 않을 듯 숨 쉴 구멍 하나 없었던 날이다. 그렇게 시작한 나의 투병은 오랜 시간 나를 '오늘에 감사'하는 사람으로 다시 태어나게 했다. 그리고 기적처럼 나는 암을 치유했고, 완치 판정을 받았다.

그때부터 시골살이를 하고 싶다는 나의 생각이 더욱 절실히 현실로 다가왔다.

말이 되는
소리

아무리 상황이 그렇다고 해도 모두 시골로 가지 않는다. 내 주변 사람들조차 생뚱맞다는 듯, 무슨 돈으로 가냐, 서울집은 어찌하느냐, 아이들이 아직도 어린데 그런 결정이 말이 되느냐, 남편은 어찌하느냐는 등 나의 결심과 더불어 나의 시골살이에 그렇게 많은 토가 달릴 줄 몰랐다. 처음에는 나 자신도 긴가민가하면서 시간이 흘렀다. 사람은 각자 원하는 것이 다르다. 그렇다고 꿈들이 전부 다 이루어지지도 않는다.

더구나 내가 병을 이기고 이렇게 새로운 내일을 준비할 수 있는 것은 다행이라고 생각한다. 그리고 다행인 삶을 시작하는 순간 나는 다시 꿈 꾸기 시작했다.

한시도 가만있지 않는 성격도 아마 보태졌을 것이고, 아프고 나니 일터로 매일 출근할 수가 없게 되면서 소위 남는 게 시간이 되었다. 그렇다고 누구나 시골로 내려갈 생각은 하지 않는다. 그것도 집을 지어서 말이다.

입으로 지인들에게 내 꿈을 말할 때부터 그들은 나에게 기대 반, 설마 반 등 자신들이 생각하는 우려를 전했다. 어떤 일을 시작할 때는 몇 가지 조건들이 맞아야 한다. 첫째, 물질적인 요소 둘째, 그 상황을 꾸준하게 준비하면서 어떠한 일이 있어도 포기하지 않을 수 있는 용기, 다음으로는 이런 계획이나 목표가 정당한 명분이 있는지에 대한 자신의 확신과 실천이다. 그리고 가장 중요한 것은 이러한 결정을 가족들이 인정하고 함께 응원해야 한다고 생각한다. 독자적이고 강압적인 방법으로 휘두르면 일은 쉽게 해결될 수도 있지만, 길게 보면 그렇지 않은 경우가 발생한다. 문제가 발생하면 해결할 방법을 찾기가 더 힘들어질 수 있다. 나는 이 과정을 나름대로 지키면서 노력 한 경우다.

그렇게 시간이 흘렀다. 그 사이에 나의 병은 완치판정까지 한 해 정도가 남았고, 아이들은 성장했다. 시간은 분명 약이다.

2부

지는 해가 아름다운 홍성

발품
시작

다시 꿈을 꾸기 시작했다. 그 사이 나의 아이들도 부모가 원하는 삶을 지지하게 되었다. 마침 큰아이 친구 부모들과 뜻이 맞았다. 이미 그들은 양평이나 광주 등지에서 귀촌을 경험하고 있는 부모들이다.
나는 여전히 성산동에서 살고 있어 자주 만나지 못하지만 삶의 이미지는 비슷했다. 그 당시 나를 포함해 주변 학부모들은 유기농 먹거리로 아이들을 키웠고, 자연스럽게 나의 관심도 친환경, 기후변화, 로컬, 공동체 등으로 이어졌다.
시간이 흐르면서 서울 마포 성산동 마을 주민 중 시골로 귀촌이나 귀농하는 이들이 하나둘씩 늘어났다. 만약 시골에서 살기를 지금쯤 꿈꾸었다면 아마도 나는 '5도 2촌',

'시골 한적한 곳에 전세로', '여행이나 자주 다닐까?' 등 적어도 집을 지을 생각은 하지 않았을 것이다. 그러나 그 당시 우리 마을 분위기는 이미 집을 지어 양평이나 평창 등지로 내려가 사는 사람들, 인제 쪽에 땅을 공동으로 구입한 사람들, 홍성으로 이사 온 사람들까지 그야말로 붐이 일어났다.

자연스럽게 나도 혼자서 시골살이가 아닌 지인들과 함께 하는 것을 당연하게 여겼으며 그것이 시작이었다. 내가 처한 환경이나 그 시절 분위기가 나를 여기까지 달려오게 했다.

그때부터 시골에 집을 짓고 산다는 사실이 현실이 되었으며 무엇을 어떻게 어디서부터 시작할지 고민하기 시작했다. 정답은 없지만, 용기를 내서 최선을 다하되 생각은 단순하게 하자. 연은 분명 있을 것이라 믿었다.

'집'은 나의 형편과 나와의 연으로 맺어진다는 경험을 오래전 셋방과 전세방을 전전했을 때 알았다. 물론 그런 경험은 나 스스로 선택한 경험이기에 마음 깊이 남아 있는 것인지도 모른다.

땅도 그럴 것이다. 풍수지리를 알지 못하나, 나의 기운과 땅의 기운이 서로 끌어당김으로 계약이 이루어진다고 생각한다. 또한 연을 맺는 것은 저절로 오지 않는다는 사실을, 가만히 있으면 아무일도 일어나지 않는다.

서울과 가까운 곳, 나의 아이들이 오고 가기 쉬운 곳, 시댁과 친정과도 거리가 적당한 곳, 마을이 이미 형성되어 있는 곳을 찾다 보니 충청남도가 나에게 운명처럼 다가왔다.

이렇게 말하면 어처구니가 없구나라고 말하겠지만, 단순하다. 땅값이 생각보다 비싸지 않았고, 서쪽의 땅이라는 것도 나를 붙잡았다. 해가 지는 곳, 내 삶의 마무리를 맡길 수 있는 아름다운 곳이라는 생각이 들었다.

그렇게, 시작했다.

처음 함께 시작한 가족은 세 가구다. 큰아이 초등학교 1학년 학부모로 만나 지금까지 꾸준히 만나고 있는 지인들이다. 그러나 결국은 두 가구만이 집을 지었다.

힘들게 3여 년 땅을 보러 다녔는데 마지막에 한 가구의 일정이 다르게 전개되어 빠지게 되었다. 함께 집을 짓지 못해 아쉬운 마음이 가득했지만, 그때 끝까지 집을 같이 짓지 않은 것이 다행이었다. 우리와 함께하지 못한 그 가족은 얼마 후 경기도 화성에 물류센터를 짓고, 그곳 주변으로 이사했다. 한마디로 굉장히 멋진 일이 일어났다. 늘 감사하다.

홍성군 홍동면에 우리 땅을 마련하기까지 오랜 시간이 필요했다. 3년이라는 긴 시간 동안 땅을 보고 서울로 올라가는 차 안의 짙은 노을은 이상하게 들뜬 감정보다는 마음을 차분하게 만들었다. 나는 가끔 밤만되면 감성이 뛰어나 별의별 상상으로 꿈이 당장 이루어진 것처럼 흥분하지만, 아침이 되면 언제그랬냐는 듯 밤새 들뜬 마음은 사라지는데 이상하게 이번만큼은 서울에 와서도 다시 시골집을 지을 생각에 온갖 정보를 보면서 더 열심히 땅을 알아보게 되었다. 그렇게 충청남도 홍성군 읍내의 부동산은 거의 섭렵했다. 다행히 함께 땅을 보러 다닌 지인들도 보이지 않는 나의 노력을 위로하듯 지치지 않고 함께 다녔다. 그렇게 시골로 가지 않으면 안 될 것 같은 확신을 쌓아가면서 홍성 땅을 3년간 밟았다.

"어, 홍성은 땅값이 아직 싼대?"

우리가 만났던 첫 땅에서 그만 땅값에 반했다. 당시 양평이나 기타 웬만한 지역의 땅 한 평 값은 70~100만 원 정도였을 때, 홍성의 그 터는 평당 15만 원 정도니 반할 만하다.
비싼 이유와 싼 이유를 따지지 않았다. 시골살이 하려고 내려가면서 땅값 상승이나 교통의 편리함, 지역 발전 등을 찾을 이유가 없었다.

다시 말해, 팔 생각을 아예 하지 않았다. 시골로 간다는 것은 아마도 돈 버는 일보다 적게 쓰는 법을 배우러 가는 것이 아닐까 한다. 나의 시골은 자발적으로 선택하는 소소한 삶이 되기를 원한다. 시골은 그래서 변화하면 안 될 것 같고, 높은 건물은 없어야 할 것 같다. 나를 이끄는 이 야릇하고 교만한 자신감은 숨 막히는 도시를 벗어나기 위한 위로다. 그런데 그런 곳에서 외로움을 동반하지 않고 살아갈 수 있다면 어디든지 괜찮다.

하지만, 집도 땅도 다 임자가 있다고 했나. 2~3번 답사를 하는 중에 가축 냄새가 그대로 내 코로 들어오고, 땅 모양(3가구가 지을 땅)이 나오지 않는 등 단점이 보이기 시작했다. 결코 만만치 않았다. 쉽게 덤빈 우리는 새삼 공짜가 없음을 느꼈다. 처음 홍성을 알게 해 준 부동산과 연을 맺기 위해 노력했지만, 그만한 땅이 매물로 나오지 않았고, 여기구나 하는 느낌도 없이 시간은 흘렀다. 그러는 사이 나는 다른 부동산을 찾아다녔다. 아직도 처음 만난 부동산에서 계약을 못 한 것을 아쉽게 생각한다. 땅임자도 따로 있지만, 부동산과의 인연도 내 맘대로 되는 것이 아니라는 사실을 그때 알았다.

그때부터 우여곡절의 연속이었다. 우리에게 맞는 땅이 있어 계약하기로 마음먹고 진행하려고 하면 번번이 이루어지지 않았다. 우리가 계약하려고 하면 땅 주인이 다시 거둬들였다. 어떤 땅은 갑자기 길이 없는 맹지가 되고, 어떤 곳은 땅 안에 무덤이 있는 경우도 있었다. 한 번은 홍성역 근처 언덕 위에 천여 평 정도 밭이 나왔는데 계약하겠다고 하니 다시 가격을 올렸다. 그렇게 많은 땅들이 내 앞을 지나갔다. 당시 매물로 나온 땅을 거의 다 섭렵하다시피 했다고 해도 과언이 아닐 정도로 다녔지만, 우리는 땅을 찾지 못했다.

이 정도로 마주치고 덤비고 발품을 팔았는데도 땅을 못 만났으면 홍성이 나와 맞지 않는 곳이 아닐까 하는 생각이 들었다. 이참에 다른 지역을 가기로 마음먹고 양평도

두어 번 갔다. 하지만, 역시나 저렴한 가격의 땅은 근처에 송전탑이나 무덤이 즐비하고, 지하수를 파야 한다는 등 단점들이 너무 많았다. 다시 홍성에서 땅을 찾기로 마음을 다잡고 흘러가는 시간만큼 열심히 발품을 팔았다.

그만큼 지쳐갈 즈음 어느 부동산에서 괜찮은 땅이 나왔다는 연락을 받고 한걸음에 달려가서 그곳을 살폈다. 그리고 세 가구가 살기 괜찮을 것으로 판단되어 계약하기로 하고 서울로 올라왔다. 이미 15만 원대에서 시작한 땅 매매 가격이 평당 30만 원대까지 올랐다. 그럼에도 홍성에서 살고 싶은 마음은 더욱 절실해졌다. 홍성의 지는 해를 끼고 살고 싶은 생각이 마음에서 떨어지지 않았다.
지는 시간이 아름다운 곳, 서울에서 무리하지 않을 정도의 거리, 발품 팔면서 정이 든 홍성이 좋았다. 그래서 지금이라도 땅을 구하게 된 것이 반가웠다.

계약하기로 한 날, 세 가구는 약간 들뜬 기분과 긴장된 마음을 가지고 서울에서 출발했다. 아마 그때가 11월쯤일 거다. 큰아이가 대학입시 준비를 하고 있었던 시절이라 기억난다. 부동산까지 대략 1시간 정도를 남기고 우리는 행담도 휴게소에서 잠시 쉬기로 했다. 그때 나는 집에서 가져온 따뜻한 커피를 가지고 차에서 내려 저만치 있는 휴게소로 향하고 있는데 아차 하는 순간 주차장 방지턱에 넘어지고 말았다. 나는 무릎과 눈 옆이 찢어졌고, 순간 아픈 것보다 혹시나 하는 불안감이 나를 덮쳤다. 지인들의 도움으로 휴게소 약국에서 약을 사다 내 무릎에 바르고 있는데 갑자기 전화벨이 울린다.

계약하기로 한 부동산이다.

"여보세요."

"어디쯤인가요?"

"네, 거의 다 왔습니다…"

"그런데, 30여 평의 땅이 잘못된 것 같습니다."

나중에 안 것이지만 그 순간 우리는 각자 이 계약이 잘못

될 것 같다고 느꼈다고 한다. 내가 넘어지자마자 전화벨이 울리고 뒤이어 들리는 소리가 땅 평수가 잘못된 것 같다는 연락이니 말이다. 그것도 부동산업체가 매수인, 매도인 모두에게 연락을 취하지 않은 일방적이고 의도적으로 일을 처리한 것이다. 결국, 그 계약은 체결되지 않았다.

과연 시골로 갈 수 있는지, 모든 것이 무리가 아닌가 하는 생각이 들었다. 그날 그 부동산은 거저 돈을 벌 속셈이었다. 아마 금액이 적어 매매자들이 문제 삼지 않을 것으로 판단해 미리 연락을 취하지 않았는지 모른다. 다시 원점으로 돌아갔지만, 아무런 미련이 남지 않았다.

우리는 또 땅을 보러 다녀야 했다.
그 사이 두 가구만 남았다. 가구 수가 줄어들면서 땅의 모양과 규모가 달라졌다. 원래 세 집이 집을 짓기 위해서는 모양도 나와야 하고, 텃밭도 있어야 하기에 천여 평 정도의 땅이 필요했으며 마을 안보다는 약간은 외져도 조용한 곳으로만 땅을 보러 다녔다. 그러다 가구 수가 줄어들면서 시선이 바뀌었다. 두 가구만 집을 짓게 되니 조금 더 주변을 둘러보게 되었고, 땅의 모양보다는 외롭거나 무섭지 않을 만한 마을 주변이었으면 했다. 그렇게 달라진 시선을 가지고 인터넷에서 부동산을 검색하고 있는데 지역 부동산으로부터 연락이 와서 다시 내려갔다.

아마 세 군데 정도를 더 봤던 것 같다. 지금은 기억이 아물거리지만 대충 한 군데는 산을 깎아 지대가 높은 곳이고, 다른 곳은 밭으로 층이 나 있는 곳이었다.

그리고 익히 들어 왔던 홍동면을 보게 되었다. 우리나라 최초 유기농업(친환경 농업)이 시작된 곳으로 나 또한 이곳에서 생산하는 작물과 먹거리를 지금까지 성미산 두레생협을 통해 소비자로 만나고 있다.

특히, 이곳의 깊은 뿌리는 풀무농업고등기술학교(이하 풀무학교)다. 성서에 바탕을 둔 풀무학교는 처음부터 협동조합을 발족하였으며 지금은 홍동 지역 주민들이 다양한 협동조합을 만들어 활발하게 활동하고 있는 곳으로도 유명하다. 또한, 갓골어린이집부터 홍동초등학교, 홍동중학교, 풀무전공부(풀무농업기술고등학교 환경농업전공부)까지 면소재지 안에 교육기관이 전부 모여 있다.

성미산 사람 몇몇도 이곳으로 내려와 산다는 것을 알았지만 만날 엄두를 내지 못했다. 한번은 친동생 지인으로 부터 홍동에 매물이 나왔다는 정보도 받았지만, 땅값이 높고 근처에 축산시설도 많아 아예 홍동은 가지 않았다.
그러다 홍동면에 있는 이 마을을 보는 순간, "이곳이구나" 하는 느낌이 바로 들었다. 그날은 5월이라 넓고 평평한 밭에는 감자며, 마늘이며 양파가 초록빛으로 나를 반기는 것만 같았다. 이곳 방향이 남쪽으로 되어 있어 집을 짓게 되면 바로 뒤에 소나무 숲이 있고 거실 방향이 남향이 되고, 가축 냄새도 나지 않았다. 내 시야는 그저 저 멀리 트인 남쪽의 풍경만 들어왔다.
무엇보다 이 마을 주민 중 스물대여섯 가구는 귀촌인들이라 한다. 농촌 마을 대부분은 토박이 마을이었을텐데 귀농하거나 귀촌하는 이들도 무난히 살고 있다는 말이 귀에 쏙 박혔다.

유기농업으로 농사를 짓는 분들, 주변에 풀무학교, 홍성의료복지사회적협동조합과 도서관 등 소위 인드라망의 세상이라 여러모로 개방적이고 외롭지 않아 보였다. 지인과 나는 두 군데를 염두에 두고 고민했다. 전화 너머 남편에게 이곳에 대해 설명했다. 가만히 듣더니 흔쾌히 좋다고 한다. 갑자기 집터를 만난 것이 어안이 벙벙하다.
3여 년의 시간 땅을 찾기 위해 발품을 팔았는데 느닷없이 온 것 같고, 내가 원하는 마을에서 살게 된다는 사실에 가슴이 뛰었다.

마침내 머물 수 있는 곳을 만났다. 다행이다.

땅 뒤에
무덤이

마침내, 순조롭게 땅을 계약했다. 계약서에 도장 찍고, 홍성역에서 기차를 기다리는데 갑자기 눈물이 났다. 나는 그 자리에서 그대로 펑펑 울었다. 그동안 땅을 보러 다니면서 겪었던 일들이 주마등처럼 지나갔다. 이곳으로 이끈 힘이 무엇이었는지 아직 모른다. 운명이라고 말하기에는 너무 많은 에너지를 쏟아부었다. 그렇다고 아무 연고가 없는 이곳을 3년이나 다닐 수 있었던 것은 발품만은 아니라는 생각이 든다.

집터를 찾는 일이 절대 쉽지 않았음을 발품과 끈기, 그리고 집을 지을 수 있다는 물질적인 조건과 미래에 대한 확신 등 너무 많은 것들이 하나하나 연결되어야만 가능하다는 사실이 순식간에 내 가슴 저 밑에서 올라온 것 같다. 매일 땅을 찾아 집을 짓는 꿈으로 다녔던 긴 시간 달라지지 않았던 마음도 고맙다.

흔들리지 않게 이어져 온 나의 긴 여정의 또 다른 시작을 알리는 순간, 봄날 홍성역은 그렇게 나를 울렸다.
화려한 벚꽃이 진 자리에 초록의 새순들이 돋아난 진짜 봄날의 홍성역이 새롭다. 이곳에서 시작한 봄, 봄을 담아보고 싶다는 생각이 저절로 일어났다.

'봄담'

홍성의 우리 집 이름이다. 이날, 그 느낌이 이어져 내 마음과 몸이 잊지 않고, 집 이름을 '봄담'으로 했다. 이제 한 걸음 내디딘 설렘을 고스란히 간직한 채 서울행 기차를 탔다.

그것도 잠시, 3년의 울분이 채 가시기 전에 또다시 넘어야 할 산이 생겼다. 그해 여름, 가족과 함께 우리 땅을 보러 갔는데 동네 분들이 우리 가족을 향해 낯선 말을 던진다.
"여기, 산소가 뒤에 있는데 왜 여기 와서 집을 짓느냐."
"뒤에 제분소가 있는데 누가 여기다가 집을 짓느냐."
"우리는 지금 소를 몇 마리 키우고 있다. 냄새가 나는데, 더 키울 거다."
"여기 땅이 원래 우리 땅이었는데…."
"이쪽에 집이 있으면 우리 집에 그늘이 진다."

남편은 그만 아연실색으로 그 자리를 떴고, 그날 이후 남편과 나는 불편한 이야기만 하게 되었다.
"누가, 동네 입구에 집을 짓느냐."
"산소를 어떻게 할 것인지."
"다른 곳으로 다시 알아보자."
"지역 주민들의 텃세 봐라."

우리 땅에 일이 있어서 방문할 때마다 동네 분들이 한마디씩 하는 바람에 그만 울고 말았다. 그날의 울음은 2년 전의 그 울음이 아니다. 서럽고 지치고 숨이 막혀 나오는 울음이다. 3여 년 그 긴 시간을 다니다 겨우 찾은 땅에서 말로만 듣던 지역 주민의 텃세를 느끼는 것이 상상한 것보다 힘들었다.

이방인이다. 나는 이곳에 집을 지을 수 있을 것인지 자신이 없어졌다. 낯선 땅이 주는 설움이 내 가슴을 누르면서 절망적인 실망이 나를 감쌌다. 상상하지 못했던 상황에서 우리 집만 땅을 샀다면 남편의 말대로 땅을 다시 팔고 이곳에 집을 짓지 않을 생각까지 했다.

사실, 무덤이 있다는 사실을 모르지 않았다. 내 눈에 콩깍지가 씌었는지 그날따라 무덤은 멀어 보였고, 앞의 풍광은 확 트여 보였다. 남향집을 지을 수 있어서 가슴이 두근거릴 정도였다.

그뿐 아니라, 집터 앞에 외양간이 있는 줄 몰랐다. 부동산과 이전 땅 주인이 우리에게 설명하지 않았다. 물어봤을 때 없다고 했다. 확실히 잘못된 내용으로 우리는 계약한 것이 맞다. 다만, 그 또한 우리 불찰이었기에 넘어갔을 뿐이다. 무덤은 남편보다 내가 더 무서워하고 싫어한다. 하지만, 몇 년 동안 시골 땅을 보러 다니면서 무덤에 대한 무서움이 무덤덤해지고 있던 터라, 그날 우리 땅 뒤에 있는 무덤이 정말 그렇게 가까이 있는 줄 몰랐다.

그곳은 말 그대로 내가 살고 싶어하는 내면을 그대로 보여주고 있는 아주 멋진 마을이었다. 그리고 내 주변의 지인들뿐만 아니라 외부인들도 제법 들어와서 살고 있다. 또 한두 가구가 살아가기에 마을 초입이 안전하며 평지는 무난하다고 생각했다.
내 마음 깊은 곳에 외롭지 않아야 한다는 생각이 있었던 모양이다. 예산 쪽에 땅을 보러 갔을 때 멋진 전망을 볼 수 있는 땅을 만난 적이 있다. 높은 지대 밑에 많은 가구 수도 있었지만, 어쩐지 그곳은 갇혀 있는 느낌이 더 컸던 기억이 난다.
마을 초입은 아무도 들어가서 살지 않는다는 사실조차 몰랐던 순간에 내 느낌만 믿고 판단한 것이 나를 힘들게 할 줄 몰랐다. 나는 농촌 마을의 인구가 점점 감소한다는 사실에 사람 하나 더 늘어나면 좋아할 줄 알았다.

그렇게 마주한 봄담터의 아슬아슬했던 사연도 시간이 약이었다. 어느 순간부터 낯선 곳의 햇살조차 온 세상을 비추듯, 풀들조차 마음을 열어 주었다.
다시 시작하는 나의 봄날, 나의 선택과 발품의 결과를 그래도 믿는다. 이곳에서 살고 싶다. 이런저런 시간이 또 흘러갔다.

한참 후에 들은 이야기지만 내가 선택한 이곳 또한 아주 오래전부터 집성촌을 이루고 있는 마을이다. 살다가 어떠한 이유로 자신들의 땅이 남의 손에 넘어갔고, 또 넘어가서 이제는 남의 집터가 되었다. 우리가 매매하기 전에는 그래도 땅을 일구면서 억울한 심정을 내려놓았을지 모른다.

그런데, 어느 날 우리가 땅을 산 것이다. 앞으로 몇 년 후부터 그곳에 밭농사도 지을 수 없게 될 것이고, 또 자신들의 땅이 다른 이들에게 넘어갔다는 것을 인식하는 순간이었을 것이다. 아마 그랬을 것이다. 땅을 사고 난 지 3여 년의 시간이 흐른 지금은 그들의 마음을 이해한다.

본의 아니게 나는 그들의 세상에 침범자가 되었고, 조용한 마을에 내가 집을 지을 땅을 사면서 마을 주민의 오래된 기억이 다시 살아났을 것이다. 모든 것이 현실로 와닿아 옆구리가 허전했을 것이고, 억울했을 것이다. 마음은 아프지만 그렇다고 이렇게까지 나와 남편에게 욕바가지를 할 필요까지 없지는 않았을까? 우리가 그 많은 사연을 알고 땅을 억지로 사지 않았고, 땅 주인이 바뀐 것은 내가 처음이 아니었을 텐데, 속상했다. 시골에서 살기의 첫 번째 환상이 깨지는 순간이었다.

결국, 1층을 짓기로 한 지인이 산소 앞에 집을 짓게 되었고, 반대로 땅 모양이 쪼개진 땅에 우리가 집을 짓기로 했다. 또한, 앞집의 조망권을 헤치지 않으려고 옆집과 우리 집을 바짝 붙여 지었다.

두 가구 모두, 문제점을 가지고 집을 지었다.

햇살이 따스한
마을 초입

　　　　　남편은 높은 지대에 그림 같은 집을 원했다. 아마도 우리가 익히 아는 전원생활의 낭만이나 힐링을 우선으로 생각했을 것이다. 나는 높은 지대의 판타지를 기대하지 않았다. 마을 초입에 평지를 만나면서 내가 지니고 있던 외로움의 근원을 알아차렸는지 모른다.

마을 초입에 위치한 우리 땅을 보면 안전하고 풍성하다는 생각이 든다. 땅을 고를 때 밭을 염두에 두었던 것이 이렇게 평지를 만나게 되었는지 모른다. 이 땅이 나에게 주는 서러움이 컸지만, 그보다 더 깊이 들어온 것은 따스함이다. 아마도 마음 깊숙이 자리 잡고 있던 것이 현실로 이루어졌는지 모른다.

아직 일을 더 해야 하는 남편과 나는 주말부부로 살아야 하기에 평일은 이곳에서 혼자 생활해야 한다. 상상만 해도 높은 지대에서 살 자신이 없다. 나의 성향으로는 높은 지대에 살면 하루 종일 집에만 있을 것이 뻔하다. 그렇다고 누구나 나 같지는 않다. 가까운 지인들은 위치와 높이 상관없이 시골에서 아주 잘 살고 있다.

자주 오가면서 오래된 정자나무가 눈에 띄었다. 오월의 푸르름과 겨울의 고고함이 마을의 정겨움을 한층 더 돋보이게 한다.

우뚝 서 있는 나무가 바람에 흔들리는 모습을 보면 자꾸 내 젊은 시절의 보상 같은 감정이 올라온다. 그 감정이 고스란히 내 심장에 울려 홍성이 점점 따스했다.

정자나무를 따라 조금만 걸어 나가면 마을 입구가 나오고 그곳에 버스정류장이 있다. 그 앞을 보면 온통 논이다. 비슷한 논들이 고랑 고랑마다 낯섦에서 익숙한 풍경으로 다가온다. 여기는 홍성읍에서 17분 정도 떨어진 곳인데 저녁이 되면 깜깜하다. 논의 벼와 생물들을 위해 가로등은 최소화했다고 들었다. 해가 지는 서쪽 하늘은 아름다운 노을로 하루하루가 장관이지만, 겨울이면 어김없이 해가 짧아 동네가 급하게 어둡다. 시골스럽다고 해도 과언이 아니다.

농촌풍경들이 다들 조금 비스름하지만 홍동은 시댁이 있는 산청하고는 달랐다. 시댁은 지대가 약간 있어 집 담벼락에서 아래를 내려다보면 경호강이 흐르고, 더 멀리 보면 우뚝 솟은 필봉산이 보인다. 또한, 산청은 더 시골인데도 가로등이 제법 많아 밤이 주는 어두움이 그다지 깊지 않다.

이곳의 겨울 어둠은 급하게 오고, 길다. 내가 이곳에 자리 잡으면 아마 밤의 깊이를 망설이면서 보낼 것 같다. 논두렁 너머 기다랗게 800그루의 벚나무가 즐비하게 심겨 있는 좁은 시골 도로가 보인다. 봄에는 벚꽃을, 여름에는 논에서 자라는 벼를, 가을에는 황금빛으로 물든 고개 숙인 벼들을 보면서 저기를 매일 걷고 싶어졌다. 평온만이 존재할 것 같은 나지막한 산 중에 저 멀리 보이는 산이 가장 높은 오서산이라 한다. 작은 바람결에도 슬쩍 흔들리는 저 산이 무섭지도 날카롭지도 않아 보여 그만 쉽게 오를 수 있을 것 같다. 내가 오르던 거칠고 험한 삶에서는 도저히 상상하지 못할 매일의 소박함이 생기기 시작한 것 같다.

마을 초입은 비록 모든 주민의 시선을 끌기도 하지만, 혼자 있을 밤을 지켜주는 것 같아 마음이 든든하다.
어느 날, 마을을 걸었다. 시골로 내려온 사람들이 어디서 많이 사는지 보고 싶었다. 나의 집터를 지나 몇몇 집을 지나면 온 동네의 개들이 나를 반긴다. 나는 개를 무서워하지만, 개들 소리에 사람이 함께 살고 있음을 느끼면서 조그마한 산길로 접어들었다.
나지막한 언덕을 내려가니 바로 몇 가구들이 사는 동네가 나왔다. 그곳에는 생태적으로 집을 지은 집, 통나무집, 집주인이 1년 넘게 직접 지은 집, 화가가 사는 집, 7평의 작은 집, 공유 주택이라는 새로운 개념의 집들이 있는 곳이다. 특히 공유 주택은 여섯 가구가 산다고 한다. 말 그대로 젊은 사람들이 서울살이하다 공유로 집을 지은 것이다. 나중에 안 일이지만 유튜브를 보고 집을 사서 이사 온 집도 있으며, 황토로 집을 지은 작은 집도 모여 살고 있다.

나는 그곳을 지날 때마다 느낀다.
정형화되지 않은 모습으로 나름의 집들이 있는 곳에 나도 산다는 것이 기분 좋다.
낯선 땅에 낯선 사람들을 만나 새로운 삶을 만들어 간다는 것이 쉽지 않을 것이다. 그렇기에 가슴이 뛰고, 내일이 기다려지는 것도 사실이다.

3부

내가 살았던
삶에 대한
기억 몇 편

나의
할머니

홍성으로 내려가는 것에 대한 나 나름대로 타당성을 찾다가 '왜' 가는 걸까에 대한 물음을 시작했다. 그리고, 오랫동안 그 물음에 고민하고 고민했다.

지나온 기억들이 오늘의 나를 만들었다고 생각한다. 잊힌 기억, 모난 기억, 슬픈 기억, 숨기고 싶은 기억, 부끄러운 기억, 멍든 기억, 모진 기억들이 가슴 깊은 곳에 웅크리고 있다가 어떤 날은 저 기억이, 어떤 날은 한 번도 꺼내 보지 못한 기억이 불쑥 튀어나와 오늘 이 순간을 되짚어 주었다. 어쩌면 기억나지 않는 기억들조차 나를 만들었을 것이다.

나의 어린 시절, 부모의 삶, 할머니 할아버지의 인생살이 등 시간이 만들어 낸 한 사람 한 사람의 가치가 지금, 이 순간 내 안에서 춤춘다.

어느 날은 기억하지 못한다는 것이 답답할 때가 많다.
한 시대를 겪었던 우리 할머니 할아버지, 부모의 이야기는 가슴은 저렸지만 가슴에 와닿지 않았고, 내가 겪지 않았기에 한 귀로 듣고 흘려보냈다. 여하튼 무의식이나마 아마도 그랬을 거라는 추측으로 이야기를 풀자면, 철물장사를 하던 엄마는 나를 잠시 집에서 멀지 않은 곳에 계시는 외할머니댁으로 보냈는데 낮 동안은 잘 놀다가 밤만 되면 어린 나는 서랍에서 옷가지를 챙겨 할머니를 붙잡고 울면서 집으로 가자고 조르다 잠이 들었다고 한다. 할머니가 나를 위해 고구마를 삶아 머리맡에 둔 기억이 저절로 떠올랐다. 거기에는 내가 만들어 낸 상상도 포함되었을 것이고, 누군가 이야기해 주었던 것을 몸이 기억하고 살았던 것일 지도 모른다.

우리가 경기도 문산에 자리를 잡은 것도 외할머니의 집념이 아니었을까 생각한다. 그 당시 할머니는 당신의 시댁이었던 경상남도 산청에서 자기 고향인 대동강 평양시와 조금이라도 더 가까운 곳까지 가기 위해 판문점 근처에 삶의 터전을 마련했다. 살아생전 할머니는 고향을 늘 그리워하면서 살았다. 문산은 판문점과 가까운 곳이고, 통일이 되면 한걸음에 집으로 갈 수 있는 동네다.

머나먼 경상도로 시집을 가게 된 할머니는 스물일곱살에 혼자가 되었고, 딸 셋을 데리고 여기까지 혈혈단신 올라온 것만 봐도 고향으로 곧 갈 수 있다는 희망으로 사셨던 것 같다. 끝내는 고향 땅을 밟지 못한 채 돌아가셨지만, 눈물보다는 억척스러운 모성으로 인생을 사셨다. 여자 혼자 살기가 지금도 살얼음판인데, 그 험한 시대를 겪으면서도 견고하고 강인하게 딸 셋을 악착같이 키웠다. 아꼈던 쌈짓돈조차 본인을 위해 한 푼도 쓰지 않고 딸들과 손주를 위해 몽땅 쓰셨다. 그런 할머니는 나에게 구두쇠로만 보였고, 손자만 아는 서운한 할머니였다. 지금도 할머니를 생각하면 뜨거운 서글픔이 차오른다.

어릴 적 내가 자란 곳은 미군 부대가 있는 동네다. 버스 정류장 앞에 시장이 있고, 도로를 가운데 두고 미군들이 드나드는 술집이 거리를 가득 채웠다. 그 당시 우리 동네는 한마디로 잘 나갔다. 시장경제가 기지촌 중심으로 움직이고, 지역 주민들은 그곳에서 나오는 일들로 먹고 살았다. 미군 점령하에 생긴 어둡고, 암울한 곳인 그곳 기지촌이 나의 고향이다. 우리 집에서 3분만 걸어가면 미군 부대가 있다. 주민들의 밥줄이지만 아이러니하게도 이곳은 또다시 해방되어야 할 곳이었다.

이곳 부모들의 자식 교육열은 전국에서 빠지지 않았다. 내 자식만큼은 여기서 밥 먹고 살지 말고, 서울 땅에서 남보란 듯이 살기를 원했다. 나의 부모도 그렇게 기지촌이 아닌 해방된 곳에서 우리를 키우고자 했다. 군부대에서 일하는 분, 클럽에서 일하는 여성, 그 주변에 모인 사람들이 우리 동네 모습이다. 희한하게 지금도 그 시장 근처만

옛 모습을 간직한 채 존재한다. 마치 오래된 과거를 마주하는 듯하다.

내 어릴 적 '**시장'은 사람이 북적거렸다. 중국집, 구멍가게, 채소가게, 신앙촌, 편물점, 그릇가게, 정육점, 생선가게, 약국, 문방구 등 없는 게 없는 아주 정겹고 친한 이웃들이 있었다. 지금은 과거의 영광은 사라지고, 쇠락한 마을로 남아 있는 느낌이다. 바로 옆 동네에는 아파트가 들어섰는데 우리 동네는 변화가 없다.
경기도 문산은 그래도 서울과 임진각이 가까워서 변화하지만, 시내를 지나 고개를 넘어 시장 근처로 오면 그 옛날 복작거렸던 거리는 찾아볼 수 없다. 아직도 미군 부대의 잔재가 남아 있고, 시장 근처 골목 안으로 들어가면 스산한 기운이 느껴질 정도로 폐가가 많다.
그래도 이곳에 눈이라도 내리면 고개 밑에서 내려다보는 눈 덮인 마을 지붕들이 아름답다. 눈도 예전만치 내리지 않지만, 눈이라도 내리는 짙은 밤이 오면 마법에 걸린듯 세상 근심 걱정없는 마을이 된다.

시장 입구에 오랜된 채소가게가 있다. 그곳은 우리 부모님이 결혼 초 운영하던 철물가게 자리였다. 철물가게 다음으로 생긴 채소와 반찬거리를 파는 '명신네'는 그 자리에서 50여 년 동안 한결같이 장사를 하고 있다. 신기할 따름이지만, 그곳 어르신은 가끔 들를 때마다 나를 알아보셨고, 내 이름을 기억하고 불러 주었다. 그럴 때면 마음 한편이 짠하면서도 행복했다. 얼마 전 그분마저 장사를 그만두었다.

시간이 흐르고 세월이 흐르면 모든 것이 다 잘될 거라 여기면서 인생을 살았는데, 현실은 그러지 못할 때가 많다. 이 고비를 넘기면 또 다른 고비가 내 앞에 버젓이 기다리고 더 단단해지지 않으면 못 일어날 수 있는 상황을 자주 겪는다.

우리 부모님은 철물점 이후 편물가게 등을 하시다 사거리 시장 맞은편에서 오랫동안 여관을 운영하셨다. 나는 6학년 2학기 때쯤 나의 의지와 상관없이 서울로 보내졌다.
서울에 사시는 친할머니댁으로 유학을 간 그날부터 나의 서울 적응기가 시작되었다. 더욱이 우리 친할머니댁은 녹번동 높은 지대에 있는 지하가 깊은 곳에서 사셨다. 지금도 가끔 생각하면 아득하다. 시멘트 계단을 딛고 한참을 내려가야 할머니 집이 나왔다. 그곳에서 고모 세 명, 삼촌 두 명, 그리고 나와 할아버지와 할머니가 살았다. 그다음에는 응암동 산 4번지 아주 높은 곳에 사셨다. 녹번동 소방서 건너편 골목으로 올라가다 보면 밭이 나오고 또 그곳을 지나 한참을 올라가면 판자촌 집이 나왔다. 언제나 그 시절을 생각하면 눈칫밥이다. 그렇게 중학교 2학년까지 지냈다.

우리 친할머니, 할아버지 댁은 언제나 가난했다.
사실, 가난이 무엇인지도 모르던 시절이었다. 꽁보리밥을 고봉으로 먹으며 마냥 즐거웠지만, 나는 엄마 품이 늘 그리웠다. 어찌되었든 이리저리 높고 낮은 곳으로 이사 다니면서 철없는 사춘기를 보냈다. 그러다, 집에서 잘 살고 있는 외할머니가 엄마의 애원에 못 이겨 서울로 오셨다. 나의 엄마는 기지촌에서 자식을 키우기 싫어했다. 그래서 이미 서울로 전학한 나 외에 내 동생 모두 서울로 왔다. 사람은 서울에서 배워야 한다는 집념인지, 아니면 이곳에서 자식들이라도 해방되길 원한 것인지 모르겠으나 외할머니의 인생은 그날부터 달라졌다. 손주들을 키우게 된 외할머니는 아무 근거지도 없는 서울하늘아래에서 셋방살이를 시작했다.

첫 셋방은 녹번동 산 중턱에 위치한 단독주택이다. 대문을 열고 들어가면 바로 오른쪽에 쪽문이 있고, 그 쪽문을 열면 깊은 부엌이 나온다. 그리고 쪽문에서 한 계단 내려와 왼쪽에 단차가 있는 계단을 다시 올라가면 우리 방문이 나온다.
쪽방에서 외할머니, 나, 남동생, 여동생이 함께 살았다. 막내가 이때 왔는지 아니면 조금 후에 왔는지는 확실하지 않다. 중학교 3학년 정도의 나이에 나는 이곳으로 이사를 왔으며 친할머니댁의 가난으로 눈칫밥만 먹다가 드디어 외할머니와 우리 남매만 오롯이 살게 된 것만으로도 기뻤다. 내가 친할머니댁을 싫어했던 것은 아니지만 그곳을 생각하면 늘 '눈치'만 보고 살았던 기억뿐인 건 아마도 가난한 할머니댁 대가족의 팍팍함이 어린 나의 마음을 그렇게 만들었는지 모르겠다. 다만, 나 자신이 너무 철이 안 들어 상황 파악이 느렸을 뿐이다.

친할머니와 외할머니 손에 큰 나는 사람을 늘 그리워했다. 어릴 때의 결핍이 나에게 생존하려면 사람과의 관계를 위해 애써야 한다고 가르쳤던 것도 같다.
그렇게 성장한 나는 늘 외로웠으며 행복은 누군가와의 관계를 지속하는 것이라고 생각했다. 그렇다 보니 사람을 보고 첫눈에 좋고 싫음을 직관적으로 판단할 때가 종종 있다. 지금 생각해 보면 아찔하다. 외로움에서 나오는 눈치와 자신을 낮추는 버릇에서 비롯된 관계는 주체적이지 못하고 어느 날 상처만 남길 때가 많았다.

그렇게 할머니 품에서 자라면서 나는 늘 엄마가 그리웠다. 외할머니와 살면서 마마(천연두)를 앓았던 날이 있었다. 그런데 나는 이때다 싶었는지 그때부터 종종 엄마를 보러 문산으로 내려갔다. 이가 아팠을 때도, 이 핑계 저 핑계를 대면서 나는 엄마한테 갔다. 큰 딸이지만 동생들보다 철은 늦게 들었던 소녀 시절이다.

방 하나에 모든 식구가 살았지만, 당연했던 시절이라 그것에 대한 불만은 없었다. 그리고 외할머니와 우리는 반지하, 폭이 좁은 기다란 집 등 본격적인 서울살이를 시작했다. 나의 외할머니는 엄마의 부탁으로 우리를 서울에서 뿌리내릴 수 있도록 키워 주셨다. 오랜 시간 외할머니는 우리의 밥상을 차리고 빨래를 해 주시면서 낯선 서울살이를 끝까지 하셨다.

그러는 사이 외할머니는 서울 셋방에 갇혀서 자신의 일상을 잃었다. 그리고 외할머니의 화와 분노, 우울 등이 우리

한테 고스란히 전해졌다. 우리 남매 중 특히 나하고 가장 안 맞았다. 원칙적이고 고지식한 외할머니의 고집은 사춘기인 내가 받아들이기 힘들었다. 외할머니와 나는 참혹했다. 철부지인 나는 외할머니한테 바락바락 대들었고, 외할머니는 그래서 힘들었다. 외할머니는 딸이 원해서 자신의 일상을 포기한 채 오로지 외손주들을 키웠는데 손주들은 그 인생을 헤아리지 못했다.

지금 생각하면 외할머니가 우리를 키우지 않겠다고 했으면 우리는 서울로 유학 올 수 있는 처지가 아니었는데 어쩌자고 나는 매일매일 외할머니와 싸웠던 기억만 남겼을까?
나의 외할머니를 생각하면 가슴이 아프다. 기억 저편에 있는 부끄럽고 아픈 외할머니에 대한 기억은 지금도 숨을 쉴 수 없을 정도로 숨기고 싶다.

역마살이
있는 거라면

태어난 곳에서 성장하고 그 곳에서 자리를 잡고 평생을 살아가는 인생이 있다면, 나는 아닌 듯하다. 어쩌다 나는 돌고 돌아 고향으로 다시 왔다.

깊고 깊은 인생 골짜기에 청춘이 있다. 그 청춘은 부산이라는 새로운 도시에서 시작했다. 그리고 청춘의 끝 무렵 IMF 사태가 거침없이 나를 덮쳤다.
허우적대던 나는 그제야 고향으로 가고 싶었다. 부산을 떠나야 할 명분을 찾아 남편을 설득하기 시작했다. 또다시 대이동을 시작한 내 인생. 외할머니처럼, 연어처럼, 고향으로 다시 올라갔다. 떠날 때는 빈손이었지만, 돌아갈 때는 남편과 큰아이를 품에 안은 채 문산에 도착했다.

"새는 알을 깨고 나오기 위해 싸운다.
알은 세계다. 태어나려는 자는
하나의 세계를 깨뜨려야 한다.
알을 깨고 나온 새는 신에게로 날아간다.
신의 이름은 아프락사스다."
- 데미안 중

"삶의 현장으로 들어가 글을 쓰고 싶다."

왜 이 말만 기억에 남는지는 모르나 그 말이 주는 타당성을 붙잡고 싶었던 것 같다. 치밀하게 준비한 나는 가출을 강행했다. 내가 선택하여 시작한 고생이다. 대학을 졸업하고 잡지사에 취직했던 나는 한마디로 잘 나가는 사회초년생이었다. 하지만 나는 부모와 가족들의 현실적인 울타리가 견디기 힘들었다. 그 시절 내 또래들이 나처럼 벗어나고 싶다고 생각할지언정 누구나 그렇게 집을 뛰쳐나오지 않는다. 하지만 나는 내 또래들과 다르게 잘 다니던 잡지사를 그만두고, 외할머니가 모아둔 내 월급통장을 몰래 가지고 도망쳤다.

나는 결코 착하지도 평범하지도 않았다.

다 큰 여자가 세상으로 나가기란 쉽지 않았던 시절이다. 나는 그 어려운 것을 과감하게 감행했다. 지금 생각하면 쓸데없는 영웅심이고, 기인이나 된 듯 우쭐대던 철없던 20대였다.

과시 욕구, 잘난 맛, 허세였다. 그러지 않고서야 정말로 도망치듯 부산행 무궁화호 기차를 타지는 않았을 것이다. 철없고 무모하다. 그때부터 우리 부모는 나로 인해 하루도 맘 편히 지낸 적이 없었다. 극도의 불안감으로 하루하루를 보내셨다. 불효막심한 딸이다. 지금 생각해 보니 부모님과 헤어진 그날, 외로움의 근원이 하나 더 생긴 날이기도 하다. 너무 무섭고 외로웠을 나의 스물두 살.

밤 11시쯤 부산행 기차를 타 새벽 4시쯤 역에 도착했다. 짙고 깊은 비릿한 냄새가 나는 부산역은 그 어느 때보다 염세적이다. 나의 20대에 면죄부를 주듯, 부산은 나를 붙잡았다. 부산은 젊었고, 나는 열정적이었다. 거기다 낯선 곳에서 오는 미묘한 두려움조차 나를 유혹했다.

그곳에서 나는 지치지도 않은 채 16년 동안 살았지만, 그 날부터 외로움이라는 꼬리표가 나를 붙잡았다. 사람이 그리웠고, 배가 고팠으며, 집에 가고 싶었다. 그렇게 세월이 흘렀다.

아웃사이더로 살아온 부산 언저리,

늘 나의 정체성을 찾아 헤맸던 시절,

깊이 뿌리내리지 못했다.

부산에서 사는 동안 나는 거의 1년에 한 번꼴로 이사를 했다. 이사 할때마다 사연도 많고 이유도 많았지만, 책만큼은 이고 지고 다녔다. 책은 버릴 수 없었다.

내 안에 숨어 있는 오만한 지적 욕구. 그것을 버리거나 쓰레기통에 넣는 순간, 부산에서 살아갈 이유가 없을 것이라 우겼다. 열아홉 살 때부터 박스에 책을 넣고 묶는 작업을 수없이 했는데 야무지게 박스 끈을 묶지 못한다. 그래도 이삿짐을 싸고, 풀고를 반복했다. 아쉽게도 끝까지 요령이 생기지 않았다.

라면상자에 짐을 구겨 넣고, 부산 곳곳으로 이사를 다녔다. 한 번은 하루 만에 두 번이나 이사한 적도 있다. 그 당시 내 주변에 노동운동을 하는 부부가 있었는데, 부부가 둘 다 수배 중이어서 나와 부인인 언니가 함께 살아야 했다. 그때 경찰들이 그 언니를 감시하는 바람에 나는 이삿짐을 교회 장로님 댁 창고와 옥상에 풀어놓고, 감시망을 피해 다시 이사를 했다. 이사한 곳은 전포동 산꼭대기에 있는 집으로 내 방 앞에는 수돗가가 있고, 쪽문을 열면 부뚜막이 보인다. 그곳에서 얼마 살다 결국에는 경찰들한테 들켜 쫓겨나듯 또 이사를 했다. 그 시절 그 언니가 대단해 보였다. 나는 자취한다는 이유 하나로 그 언니와 잠시 살았을 뿐 그 인연은 그곳이 시작이고 끝맺음이었다. 스쳐 지나가는 연, 나의 부산도 결국 스쳐 지나가는 삶이었다. 만나고 헤어지면 끝이었던 연들도 다 잘 살고 있기를 바란다.
너무 아득한 기억이다.

이렇게 이사를 밥 먹듯이 하면서 보낸 16년, 청춘의 시간이 지나고 있을 때 IMF 사태가 일어났다. 나는 이미 오래전부터 편집디자인실을 운영하고 있었는데, IMF는 우리를 부산에서 아주 쫓아냈다. 대한민국에서 자그마한 디자인실을 운영하는 나에게도 인생이 바뀔 만큼 큰 사태였다.

큰아이가 태어나던 그 해의 암울한 상황은 아찔하다.
혼자 이사를 다니던 청춘의 시간은 지나가고, 나는 산후조리를 끝내자마자 부산대학교에 가서 일한 적이 있는데

다리가 퉁퉁 붓고 몸이 엉망이었다. 그래도 그나마 일이 있어서 다행이었던 때다. 이후 IMF는 절망적으로 나의 일거리를 앗아갔다.

게다가 남편과 나는 일하면서 아이를 안전하게 그리고 편안하게 맡길 곳을 찾지 못하고 있었다. 그때 엄마가 있는 고향으로 가고 싶어졌다. 남편은 서울에 아는 이 하나 없었지만, 나의 간곡하고 절박한 이야기를 듣고 부산을 떠나기로 했다. 먹고 사는 문제가 걱정되었던 순간은 처음이었다.

아이를 낳기 전만 해도 밥 먹고 사는 문제에 관심이 별로 없었다. 가난도 나에게는 그렇게 큰 문제가 아니었다. 디자인실이나 출판일을 하는 것이 너무 좋아 그곳에서 밥 먹고 일하면서 살았다. 하지만 경제적인 문제가 몸으로 와닿는 순간 우리는 결정해야 했다.

결국, 서울로 입성했다. 금의환향이 아니라, 겨울의 깊은 추위가 몰려오는 2월, 경기도 문산 친정집, 여관 끝방으로 이사했다. 집을 옮기면 새로운 삶이 시작된다. 나는 젊은 시절 사서 고생했고, 이제 서울로 올라왔다.

청춘의 시간은 열정이었지만, 외로움이었다.
역마살이라도 있는 것처럼 안착하지 못한 채 살았다.
나는 부산에서 이방인이었다.
부산에 머무를수록 가슴의 멍은 더 커졌으며 고향으로 돌아가는 것이 절실했다.
어쩌면 IMF를 핑계 삼았는지 모른다.
삶은 지쳤지만, 아이를 잘 키우고 싶다는 생각이 앞섰다.
무엇보다 내게 날숨과 들숨을 쉬게 해주고 싶었다.

생각해보면 지금도 홍성에 이방인처럼 왔으니 새삼 나는 떠남을 선택하는 순간들이 늘 존재한 것 같다. 우연의 반복으로 인생을 사는 것 같다.

4부

봄담을 위한
칸타빌레

집을
지을 차례다

집을 짓기로 마음먹고 달려온 세월이 놀라울 정도다. 넘어져도 다시 일어났다. 왜, 그렇게까지 달렸는지 모른다. 끊임없는 클리나멘^{clinamen} 이었는지 모른다. 내 삶은 언제나 경로를 이탈하려고 했으며 모든 상황과 마주하면서 오늘까지 온 것 같다.

우여곡절 끝에 홍성에 있는 땅을 구했다. 그 위에 그림 같은 집을 짓기로 했다. 양쪽 집이 남쪽을 바라보고 있으며 이곳에서 어떤 삶을 살 것인지 고민하기 시작했다.
우리 집터(대지)는 150여 평이고, 옆집과 공동소유로 도로를 만들었으며, 300여 평은 밭이다. 농지대장(농지의 소유나 실태를 파악하여 효율적으로 관리하기 위해 작성하는 장부)을 발급받기 위해 필요하다.

시골살이를 결심하는 그 순간부터 시골에서 어떻게 살 것인가를 고민하기 시작했지만, 정작 현실은 아무 생각 없이(이 말처럼 무책임하고 어리석은 말은 없지만) 매우 수동적이었다. 밭을 샀지만, 시골 가서 밭을 어떻게 할지는 상상하지 않았다. 그때, 같이 집을 짓는 지인의 제안으로 귀농·귀촌대학에 다니기 시작했다.

매주 토요일마다 지하철을 두 번쯤 갈아타고 원흥역에 내려 농협대학 가는 버스를 기다린다. 시간을 제때 맞춰 타야 제시간에 수업을 들을 수 있다. 밭에 정식定植을 시작할 때부터 늦가을쯤 밭에서 김장 배추와 무를 거둬들일 때까지 수업은 지속된다. 100여 명의 학생이 저마다 귀농이나 귀촌으로 제2의 인생을 살고자 배우러 오는 곳이다. 거의 일 년동안 내 삶의 중심에 두고 땅과 친하게 지내기 위해 바쁘게 움직였지만 효과적이지 않았다.

특히 귀농·귀촌대학은 인생 이모작을 준비하기 위해 배우러 온 학생들이 많았다. 대부분 작은 텃밭보다는 농업 재배기술과 수익이 날 수 있는 생산 품목 등 농업인의 관점으로 배웠다. 그래서였는지 수업을 따라가기가 힘들었고, 나한테 맞지 않는다는 생각에 흥미도 점점 잃어갔다.

7평밖에 안 되는 텃밭인데도 불구하고 끊임없이 일에 치였지만, 그나마 고구마 줄기를 뜯어가는 재미는 쏠쏠했다. 옆에서 교수님과 주변 동기들이 텃밭 관리하는 모습을 보면서 조금 흉내만 냈다. 땅에서 나는 재료로 음식을 만드는 것을 좋아하지만 직접 땅을 일구는 작업에는 소질도 흥도 나지 않았다.

땅에서 일하는 것은 엄청난 노동을 요구하는 일이며 그동안 땅을 소유하고자 했던 것이 욕심이며 나의 일이 아님을 알았다. 해가 뉘엿거릴 때쯤 집으로 돌아가기 위해 지하철을 갈아타면서 늘 고민했다. 이 수업이 과연 나에게 도움이 될까? 그래도 수료식까지 다녔다. 그것은 아마도 내가 집을 짓는 과정에서 선택한 것이니 중간에 포기하게 되면 집도 짓지 못할 것 같다는 무언의 책임감이 아니었을까 싶다.

나의 시골살이는, 농사짓기가 아니라 시골에서 살다가 맞다. 밭일은 텃밭 정도를 꿈꾸고, 나머지 시간은 나를 보살피면서 살아가고 싶다.

귀농·귀촌대학의 결과물은 '어떻게'에 방점을 두지 않았고, '무엇을 하고 살 것인지'를 알게 했다. 그냥 바쁘지 않게 살고 싶을 뿐이다.

시골살이를 먼저 시작한 지인이 "언니, 시골은 천 평도 작아"라며 나에게 한 말이 그대로 내 귀와 마음에 콕 박혀 당연히 넓어야 한다는 생각이 나를 사로잡았다. 왜 그랬을까? 천 평이 얼마나 큰지 그때는 몰랐다. 이제는 안다. 그 마음조차 땅에 대한 욕심이다.

땅에 대한 욕심은 왜 생긴 걸까? 사라지지 않는 것이라서,

아니면 단지 땅을 가지고 싶어서 그랬을까? 어떤 이유든 나는 땅 자체를 줄일 생각 없이 땅을 보러 다닌 것이다. 이런저런 이유로 우리 부부는 500여 평의 땅을 소유했다. 법정 스님에게 나는 변명하고 싶다. 이 땅은 절대 불필요하지 않아요. 나는 여기서 이 땅을 놀리지 않을 생각이에요. 소유가 아니라, 쓸모가 있어요.

속이 보이는 변명이지만 나는 말하고 싶다. "그동안 내가 살아왔던 보상"이라고 말이다. 봄담에서 노년의 삶은 '다시 스스로 서서 서로를 살리는 삶'을 살아갈 것이다.
시골로 이사한다는 것은 많은 돈을 벌어보자는 생각을 버리고, 적게 벌어 적게 쓰고 살아가는 것이 포함되어 있다. 물론 경제적 일을 농업으로 선택한 사람들도 있지만, 나는 그렇게 시골살이를 준비하지 않았다. 도시에서 살았던 소비 방식을 바꾸고 이곳에 맞는 생활을 찾아 나갈 것이다.

나는 봄담에서 살기 위해 몇 년 동안 많은 에너지를 쏟았다. 조금 느리지만, 하루하루 집중하는 삶을 통해 '온전한 나'로 존재한다면 봄담에 온 나를 환대할 것 같다. '봄담'은 지속가능한 삶의 밑거름이 과연 어떤 것인지, 어떤 형태로 그 길을 찾아갈 것인지를 위해 끊임없이 고민하고 노력한 결과물이다. 아무것도 하지 않으면 아무 일도 일어나지 않는다. 일상의 변화를 두려워하면 현실에 순응하면서 살아가게 된다. 일상이 그렇게 우리의 인생을 만든다고 생각하고 있다. 지금 나는 나의 작은 용기로 조그마한 일상의 변화를 맛보면서 살아가고 있다.

한마디로 힘들게 산다.

느리다는 것은 무기력하다는 뜻이 아니다. 도시에서 빠르고 급하게 뇌와 몸을 움직였다면 적어도 봄담에서는 깊이 있는 삶을 위해 시간을 보낼 것이다.
집을 짓겠다고 결심한 순간부터 집 모양을 많이 생각했다. 여러 형태의 집들을 보면서 이상적이고 매력적인 집들에 매료된 적이 한두 번이 아니다. 건축 디자이너들의 예술적인 집부터, 방송에 나오는 '집' 이야기를 보면서 집마다 이야기가 있는 것이 좋았다. 나는 어떤 이야기로 집을 짓고 싶은가 묻는다.

나는 오래된 한옥이나, 한옥을 리모델링하거나 페인트로 벽을 칠한다든가, 내부 마감을 나무로 한다든가 하는 것을 볼 때마다 팔랑귀가 됐다. 이 집을 보면 이렇게 지을까? 저 집을 보면 저렇게 지을까를 수없이 했다. 하지만, 느낌이 자연스럽고 아름다운 집은 비용이 만만치 않았다. 또한, 건축설계사를 만나지 않고 직접 짓는 순간 많은 것이 달라졌다. 직접 지으면 한계가 있는 것이 분명하다. 막상 집짓기가 다가오면서 로망보다는 현실적으로 단열이나 기밀성을 따지지 않을 수 없었다. 결국 나의 선택은 이상보다는 현실을 선택했다.

나에게 가장 우선은 따뜻한 집이다. 다행히 우리 집터는 남쪽을 바라보고 있어 그저 남쪽으로 지으면 된다.

내 조건에서 최대한 따뜻한 집이 되어가기를 바랐다.

봄담에서 소박하게 원하는 것이 있다면 잘 늙어가는 것이다. 내가 늙어가는데 집은 늙지 않기를 바란다는 것은 모순이다. 봄담도 우리와 함께 잘 늙어가는 집이 되었으면 한다.

거룩한
밥상공동체

　　　　　　직장에서 밤낮없이 일하면서 아이 둘을 키웠다. 서울이라는 곳은 먹고살기 위해 영혼마저 기꺼이 바쳐야 그제야 기회라는 놈이 오곤 했다. 그나마 나는 좋아하는 일로 밥 먹고 살 수 있어 운이 좋은 편이라고 위로하면서 말이다.

서울은 지친 영혼을 쓰다듬어 줄 낭만도 사라진 곳이지만, 나의 아이들만큼은 사람들이 서로 소통하는 마을에서 키우고 싶었다. 한 아이를 키우기 위해서는 온 마을이 필요하다고 했다. 우리 부부도 그렇게 아이를 키우고 싶었다. 그런데 하필이면 우리가 원하는 학교들이 다 직장과

먼 곳에 있어 난감한 상황이었다. 서울을 벗어날 수 없는 상황이라 포기하고 있던 차에 '성미산학교' 설명회를 한다는 한겨레 신문을 보았다. 너무 기뻐서 한걸음에 성미산마을로 들어왔다.

성미산마을은 망원동과 가까이 있으며 높은 빌딩 숲이 아니라 다양한 주택들이 마을을 형성하고 있다. 주택의 다양한 구조는 얼마짜리 아파트에서 사느냐는 식의 규정을 하지 않는다. 어떤 삶을 살든 상관하지 않고 아이들도 자신이 어느 아파트에 산다는 식의 의식은 생기지 않는다.

큰 아이가 대학생이 되고 아파트에 사는 친구 집에 다녀와서는 나한테 묻는다.

"엄마, 아파트 너무 좋은데 우리는 왜 아파트에서 한 번도 안 살았지?"

지금도 대답은 똑같다.

"아파트에서 사는 것을 그렇게 좋아하지 않아."

획일화된 아파트가 주는 답답함과 높고 높은 곳에 올라가도 다른 아파트가 보이는 생각만 해도 아찔하면서 숨이 막히는 곳인데도 불구하고 아파트 가격은 우리 형편에 너무 비싸다. 또한, 아파트를 재테크 개념으로 보지 않고 주거 개념으로 인식했다. 그런 관점에서 아파트는 매매가격이 이미 형성되어 부동산 사이트에 들어가 보면 **아파트는 얼마라는 식으로 균일화되어 있어 그곳에서 살아가는 아이들은 이미 어린 시절부터 자신의 계층이 정해져 있을 것 같았다.

이러저러한 이유가 너무 많지만 결국 나는 편리성보다는 다양성을 선택했다. 일단, 주류에서 벗어난 사고방식이 의식주에도 어김없이 드러났다. 소비는 내가 선택해야 한다고 생각하고 살았다. 내 관점에서 내 형편에 맞게 쓰일 때 비로소 자본주의에서 소비자로 살면서 억울하지 않을 것 같다.

특히 교육이 그랬다. 교육에 많은 비용을 지출하기로 마음먹은 것은 내가 배우고 자란 교육 방식인 답안지가 있는 교육으로 키우고 싶지 않았기 때문이다.

성미산마을은 교육관이 비슷한 부모들이 모여 만들어진 교육공동체다. 우리나라에서 공동육아가 처음 시작된 곳이고, 서울의 초중고 대안학교도 여기서 출발했다. 우리는 성미산마을에서 아이들을 키우기로 결심했다.

부모의 가치관에 따라 아이들이 성장한다고 믿는다.
나의 가치관은 '함께 살자'다.
우리는 주저 없이 마을로 입성했다.

그리고, 낮과 밤을 일하면서도 나는 아이들 밥상만큼은 내가 직접 해서 먹이고 싶었다. 유기농 가게에 있는 재료로 정성을 다해 밥상을 차렸다.

아이들에게 학교 공부를 가르치지 않았다. 그 대신 밥 한 끼 먹이는 것이 전부였다. 엄마가 차려 준 밥을 함께 먹는다는 것. 그것이 도시에서 아이를 키우는 힘이라고 생각했다. 나는 밥 먹는 것에 많은 에너지를 쏟아부었으며, 그래야 정이 생기고 마음을 터놓을 수 있고, 무엇보다 외롭지 않을 것이라 여겼다. 어릴 적부터 떠돌아다니면서 '엄마의 밥상'이 그리웠나 보다.

엄마의 밥을 먹고 나의 아이들이 자랐다.

아이들이 마을공동체에서 자라는 동안, 나도 학부모들과 함께 밥을 먹으면서 성장했다. 지하철 타고 사무실로 출근하는 순간부터 나는 늘 을로 바쁘게 살았다. 늦은 저녁이나 밤샘도 마다하지 않고 일을 하다 집에 오면 온몸은 파김치가 되지만, 희한하게 바쁠수록 동네 사람들과 밥 한 끼 먹을 때가 한없이 좋았다. 산다는게 뭐 별건가, 따뜻한 사람들과 밥 먹으면서 수다 떨고, 아이들 커가는 이야기하면서 사는 것이 사람 사는 것이지. 거창한 요리를 하지 않았지만, 밥맛은 최고다.

그렇다고 늘 행복한 것만은 아니었다. 하루하루를 다른 공간에서 살다 가끔 한 끼 밥을 먹는다는 것이 우리가 생각하는 행복과 감동만 있지 않았다. 다른 별에서 살다 잠시 아주 잠시 함께하는 시간.

그 시간은 서로가 다르다는 것을 알아가는 시간이다. 충분하지도 만족스럽지도 않은 상황들이 있다. 그것을 견디고 보듬고 나아간다면 더할 나위 없이 '참 다행인 인연'이다.

끊임없이 사람과 마주하기를 좋아하기에 늘 주변에 사람이 많다. 사람을 좋아하지만 그렇다고 좋은 일만, 괜찮은 관계만 존재하지 않았다. 가끔 말썽도 일어난다. 한 번씩 잘못 만난 관계는 서로 상처를 주고받으면서 생채기만 남긴 채 헤어지거나 연을 끊는 경우도 생겼다. 누군가는 그것이 인생이라고 말한다. 그래도 그런 상황을 마주할 때마다 힘든 것은 사실이다. 상처가 되는 말은 하지 말아야 하고, 받지도 않아야 하지만 언제나 그랬듯이 그 상황이 지나야 알게 된다.

감정이 흘러갈 수 있도록 내 마음을 알아차리고 들여다봐야 하는데, 그렇지 못할 때가 종종 있다.

시간이 지나 아이들은 자신의 방에서 밥 먹을 때만 삐죽 나왔다. 거룩한 밥상에 대한 고민이 한없이 이어진다. 그야말로 '라떼는'을 주워 담으면서 혼자 밥 먹는 시간이 자주 생기고, 아이들은 이제 품에서 떠나 자신의 삶을 찾아가기 시작했다.

그러다 봄담이 생겼다. 느닷없이 땅이 삶 한가운데로 들어오고 말았다. 거부할 수 없는 현실이며 내가 선택한 인생이다. 땅의 부름을 받았으니, 이제는 직접 키운 재료로 또 한 번 함께 먹는 밥상을 생각해 본다. 마음 비우고, 몸 키워서 땅과 친해질 때 봄담이 산다는 것을 잘 안다. 침묵하고 순응하면서 쳇바퀴 도는 도시의 일상처럼 살고 싶지 않다. 밥 먹기 위해 조그마한 땅을 일구는 것은 밥상에 대한 예의일 것이다.

봄담의 밥상은 어떨지 벌써 궁금하다.

햇살 받아 텃밭에서 갖가지 채소들이 자라나면 그것을 뜯어 그날그날 따뜻한 밥을 하면서 땅과 친해질 수 있는 내 삶의 마지막 기회를 놓치지 않기를 바란다.

못하는 손길도, 좋아하지 않는 마음도 내려놓고 오늘 하루 감사하는 마음으로 봄담에서 살자.

소란스런
인생

　　　　　　내 인생은 자주 소란스럽다. 어느 날 상처 받지 않으려는 나의 마음을 알아채듯 감정은 이미 마음 깊은 곳으로 자꾸 도망간다. 상처받지 않으려고 몸부림치던 기억이 떠오르면 그때마다 힘에 부친다. 마음의 평화를 찾기 위해 무던히 도망쳤지만, 결국은 소란에 잠식되었다. 어쩌면 나는 늘 작은 소란에 휩쓸려 다녔는지 모른다. 몰아치는 무서운 파도가 소란보다 더 높을 때마다 나는 외치고 울부짖었다. 살고 싶다고 말이다. 그리고, 시간이 흘러 잊힐 때쯤 더 큰 소란이 온다. 그런데, 이상하게 그렇게 험한 소란이 왔을 때는 의외로 담담하게 받아들인다, 내가.

소란에 반응하자마자 후회하지만 다시 돌이킬 수 없다는 사실에 감정이 무너졌고, 그럴 때마다 흥분을 가라앉힐 수 있는 극도의 진정제가 필요했다. 결국 나의 인생은 진정제를 찾아가는 길이라고 해도 과언이 아니다. 영혼이 거칠어질 때 나의 몸은 더 깊은 상처로 곪아 점점 아팠다. 영혼의 공간이 있다면 그곳만큼은 평온하기를 바랐다.

누구나 소란한 삶을 살지만, 내 인생도 참 자주 소란하다. 나누면서 함께 살고 싶은 마음과 사람 좋다는 소리도 듣고 싶지만 어느 순간 마음의 욕심이 생긴다. 그런 상황이 오면 내려놓는 연습을 하지만 잘되지 않는다. 예고 없이 오는 감정은 태풍이라 걷잡을 수 없이 흥분하면서도 상처받지 않으려고 기를 쓰고 방어만 한다.

무조건적인 주고받는 *give & take* 관계를 원하지 않지만, 나는 가끔 내가 손해 본다고 느낄 때가 있다. 그것은 어느 순간 소통이 안 된 상황에서 서로 오해와 마주할 때 온다. 이미 그 순간은 마음의 상처가 생긴 후다. 이런 생각조차 내 관점에서 일어나는 슬픔과 분노이기에 상대의 잣대로 본다면 다를 수 있다. 하지만, 사람과의 관계는 늘 둘 이상이기 때문에 각자의 느낌은 비슷하지 않을까?

그럴 때마다 나의 품성은 딱 거기까지인 것을 느낀다. 어떤 관계든지 '선물'로 생각하기에는 분명한 한계가 존재한다.

그래도 나는 여전히 '소통'과 '선물'의 관계를 중요하게 여기고 있다. 처음 낯선 관계에서 마음을 기꺼이 열게 되면 그와 또는 집단과 비로소 소통할 수 있었다. 반대로 관계를 맺고 싶지 않으면 무의식이 표현되면서 바로 넘어오지 못하게 방어하고 경계했다.

그렇다고 모든 것이 순조로웠던 건 아니다. 나는 살면서 성향 자체가 너무 세다는 소리를 많이 듣고 살았다. 그 말은 내가 남에게 상처를 준다는 소리다. 내가 받은 상처보다 남에게 준 상처가 더 컸을 수도 있다.

내로남불인 셈이다.

참 어렵게 살았던 인생이다. 살면서 상처를 주지도 받지도 않기란 어렵지만, 이 순간부터 내가 나를 다정하게 대한다면 조금은 잔잔하게 흘러가지 않을까 싶다. 다정하다는 것은 나를 너무 낮추지도 말고, 남을 업신여기지도 말며, 자기 감정을 먼저 살피는 것이다.

이제야 나의 상처만큼 남의 상처도 보이는 것을 보니 나이가 들어가고 있는 듯하다. 어쩌면 너무 늦은 반성일지라도 다르게 살아 보고 싶다. 지금부터라도 가끔 나무의 바람 소리도 맞고, 꽃도 보면서 '소란한 감정'이 오면 그대로 흘러가게 내버려두는 연습을 하자.
그렇다고 오늘 몸과 마음이 그렇게 되지 않는다고 서운해하지도 말고 느긋하게 기다리면서 나를 토닥여 주자.

나의 소란한 감정은 결국 관계에서 왔고, 그러기 때문에 예방도 관계라고 생각한다. 좋아하는 사람과 수다를 잔뜩 떨면서 서로의 흔들리는 감정이 생기거나 오해를 예방하는 중이다. 서로의 말을 들어주다 보니 부정적인 감정이 생겼다가도 사라졌다. 지금, 가까이 있는 사람들과 지속 가능한 삶을 살려고 애쓰고 있다. 다만, 짝사랑은 이제 하고 싶지 않다.

그렇기에 무엇과도 바꿀 수 없는 것은 '선물'이다. 나는 '선물'을 기꺼이 줄 수 있는 관계가 있다면 그것이 괜찮은 인생이라고 생각한다.

조용한 상처

나의 이마를 비껴간 햇살
전율하는 상처

나에게로 온 통증
비로소
반응한다.

얕보고 할퀴고 물어뜯겨서
존재했던 흔적이 사라질 즈음
나는 칼바람 앞에서
이유를 찾는다.
묻어 버릴 것이다.

다정하게
대하자

나의 인생은 수없이 흔들리는 과정이었다. 그때마다 고독한 시간도 많았지만, 그래도 잘 견디면서 살았다. 내 몸이 예전 같지 않지만, 이렇게 다시 살아 오늘을 살고 있음에 감사하다. 아프기 전까지 나는 건강에 대한 자신감이 넘쳤다. 몸도 마음도 넘어지면 일어날 줄 안다고 자만했다. 위태로워도 자각하지 못한 채 달렸다.
몸뿐만 아니라 마음도 그다지 순하게 살지 않았다. 무엇이든지 나쁜 것이 맛있었고, 하고 싶은 것은 앞뒤 재지 않고 덤볐다. 나는 모험도 좋아해서 그런지 경계를 넘어설 때 오는 희열도 즐긴다. 몸 에너지와 정신 에너지를 거의 바닥이 날 때까지 썼던 난, 쓰러지고 난 후에야 나를 보게 되었다.

나의 삶을 통째로 집어 먹을 만한 아픔을 겪었지만, 사실 그 시간만이 나를 온전히 쉬게 해 주었다. 아이러니하게도 암투병하는 동안 나의 인생은 마침내, 잠시 쉬었다. 그 쉼이 나를 조금씩 다르게 대하기 시작했다. 아파서 몸과 영혼이 깨져 버렸던 그 시간만큼은 참 느리게 살았다.

나는 지금껏 달리다 넘어졌는데도 알은체하지 않고 욕망의 집어등에 허우적거리면서 살아왔지만 쉬는 방법을 전혀 몰랐다. 넘어졌으면 일어나 다시 뛰는 것이 아니라 잠시 상처가 나을 수 있도록 소독하면서 아물 시간을 주어야 한다. 그래야 다시 걷든, 뛰든 앞으로 나갈 수 있다는 사실을 아프고 나서야 조금씩 느꼈다. 결국 열심히 산다고 생각했던 나는 나를 전혀 아끼지도 사랑할 줄도 모르는 채 살았다.

나에게 다정하게 대할 줄도 모르는 채 오만한 고집과 자만심이 내가 쓰러지는 데 한몫했다. 상생하는 방법을 조금 더 일찍 알았다면 폭력적으로 나를 쓰지 않았을 텐데. 함부로 대하는 것도 폭력이다.

나에게 다정하게 대하는 연습을 시작한 지금 필요한 것은 지속가능한 삶으로 나아가기 위한 오늘을 만드는 것이다. 내가 선택한 '오늘', 흩날리듯 날아가지 않았으면 한다.

5부

직영으로
집짓기

나에게 맞는
집을 찾아

▎어떤 방식으로 집을 지을 것인가?

나는 집 짓는 것에 대한 로망만 있을 뿐, 공간적인 의미를 구상하고 구체화하는 것이 매우 어려웠다. 다만, 철근 콘크리트로 집을 짓는 것은 아무리 생각해도 아닌 듯했다. 그렇게 한 걸음씩 앞으로 나아가다 제로하우스(패시브하우스)를 알게 되었다. 에너지를 제로로 하는 것으로 내부의 공기를 순환시키고 단열과 기밀성을 최적화하여 일 년 내내 기본 온도를 20°c로 유지하는 것이다. 패시브하우스로 집을 짓고 싶었지만, 현실적으로 비용을 감당하기 어려웠다.

집짓기 시작을 앞두고 가장 먼저 사람들에게 물어본 것은
"집 짓는데 평당 얼마 들까요?"
"왜 여기는 저쪽 시공사와 가격이 많이 차이 나나요?"
"평당 가격을 묻지 말라고요, 그러면 무엇을 기준으로 집을 짓나요?"

이렇게 묻고 다녀도 돌아오는 답은 이구동성.
"집 짓는 비용을 단순히 평당 가격으로 비교하시면 안 됩니다."
사실 수많은 공정이 있는데 무작정 비용이 얼마냐는 질문은 내가 봐도 우문이지만, 그렇다고 안 물어보기에는 막막한 부분이 남아 있다. 결론은 건축주가 집을 직접 짓지 않더라도 견적서를 받았을 때 당황하지 않을 정도의 상식은 필요하다.

패시브하우스는 경량목조건축에 비해 거의 1.2~1.5배 이상의 예산이 들어간다. 사실, 엄두 내기가 힘들다. 왜냐하

면 내가 지을 집은 20평대의 작은 집은 아니었기에 더 조심스럽다. 경량목조주택 또한 단열과 기밀성을 가장 중요시한다는 정보를 듣고 패시브하우스를 포기했다.

그렇게 경량목조로 집을 짓는 것이 거의 확실해지자 경량목조로 집을 지은 지인들의 집도 방문하고 의견을 물었는데 만족도가 높았다. 그래도 그동안 다양하게 시장조사를 하면서 보았던 철근 콘크리트, 노출 콘크리트 등으로 지어진 멋진 집들이 눈에 아른거렸지만, 저렇게 나도 지을 수 있을까 의아심은 들었다. 내 경우 건축설계사들의 집은 로망일 뿐 현실로 접근하기 매우 어렵다는 것을 알았다.

> 첫째, 예산이 없다.
> 둘째, 예산이 없는데다 감각이 없다.
> 셋째, 용기도 없다.
> 넷째, 화려하다.

경량목조주택으로 결정하고 난 뒤 바로 건축주를 위한 목조교육을 단기간 받았다.

단기간의 교육을 받았다고 나의 건축지식이 높아지거나 넓어지기는 어려웠다. 2차원적인 나의 세계관에 입체적이고 공간적인 용어들이 들어올 리 만무했다. 그래도 '카페 집짓기 나눔 세상 헬퍼'의 열정적인 수업은 좋았다. 강사는 경량목조주택에 반해 공부하다 거의 봉사로 예비 건축주를 위해 강의까지 시작했다고 한다. 강의하는 모습이 너무 열정적이다 보니 그 과정이 이해가 안 되는 부분조차 열심히 들었다.

카페에 들어가면 목조건물을 짓는 시공업체와 빌더들의 정보도 나온다. 클릭하는 횟수가 늘어나면서 경량목조건축으로 집을 짓는 것에 100% 공감했다. 결국, 두 가지를 결정하고 집 짓기 위한 준비를 시작했다.

첫째, 경량목조주택으로 집을 짓는다.

숨쉬는 목조주택으로 단열과 기밀성을 중요시한다. 그러기 때문에 에너지 절약도 가능하다. 건축 기간도 다른 건축물에 비해 짧아 여러모로 가성비가 높다.

둘째, 지붕 형식은 책을 엎어놓는 모양의 박공지붕으로 결정한다.

박공지붕은 눈과 비가 고여 있지 않고 자연스럽게 내려가는 것이 장점이다. 모양도 예뻐서 바로 결정했다. 결정하고 나서 고민을 하지 않아, 다양한 모양의 박공지붕이 있다는 사실을 한참 후에 알았다. 집을 짓는 동안 나는 배운 것이 있다. 하나를 선택할 때 여러 방면으로 조사하고 난 후 선택하는 것. 그렇다고 박공지붕을 후회하는 것은 아니다. 다만 여러 형태의 지붕 모양에 관심을 조금 더 두었다면 다른 멋을 찾았을 것 같다.

집짓기,
누구랑

그동안 살아왔던 도시의 빼곡하고 빠른 삶이 아닌 오래 살면서 함께 나이 들어가도 괜찮은 집에서 조금은 느린 삶을 살고 싶다.

집은 사람 냄새가 나야 한다.
자연과 어울리는 소담하고 아늑한 곳으로, 지인들이 왔을 때 편안하게 쉬었다 가고, 아이들도 가끔 내려와 쉴 수 있는 곳이었으면 좋겠다. 그렇게 오래오래 봄담에서 산다면 좋을 듯 싶다.
따뜻한 공기와 바람이 서로 통하는 곳이라면 힘든 상황이 일어나도 당당하게 일어날 수 있을 것 같다.

땅을 구하고, 집 지을 준비를 시작하면서 단열을 가장 우선시했다. 요즈음은 건축 자재가 잘 나와 집 자체가 대부분 튼튼하다고 한다. 그래도 체크리스트에 가장 먼저 적어 봤다. 나는 추위를 잘 타서 그런지 추우면 움츠리게 되고, 활동 영역이 좁아지면서 아무것도 할 수 없게 된다. 시댁이나 지인들의 집에 갔을 때 추우면 씻는 것조차 하기 싫다.

그 다음으로는 고기를 굽거나, 마당에서 수다를 떨 때 주변의 시선이 가려질 수 있을까 생각했다. 소음에 민감한 서울 생활은 집 안팎에서 살살 다녀야 하고 손님이 와도 주변에 피해를 줄까 봐 전전긍긍했다.

땅을 찾아 발품을 팔았는데, 이제는 집을 짓기 위해 발품을 팔아야 한다.
내가 가장 먼저 고민한 것은,
첫째, 건축설계사를 선정하고, 시공자를 선정하는 방법

둘째, ~하우징을 통해 일괄 집을 맡기는 방법

세 번째는 시공업체를 선정한 다음에 건축설계사를 선택해 집을 짓는 방법 가운데 하나를 선택하는 것이었다.

처음부터 직영건축을 할 엄두는 못 내고 발품을 팔았지만, '건축주 직영건축'에 대한 강의를 듣고 다른 방법이 있음을 알았다. 이 또한 시공팀, 또는 빌더와 협력해서 짓는 방법 등 다양했다.

마음이 자꾸 직영건축 쪽으로 흘렀지만, 내가 아는 지식이 너무 없어 거의 포기 상태로 발품을 팔면서 다녔다. 우선 패시브하우스를 짓는 빌더를 만났지만, 예약이 꽉 차 있고 비용적인 측면에서 부담이 되어 접었다. 카페 수업 중 어떤 빌더팀을 소개받았는데, 그곳은 나와 소통이 안 되는 것이 아니라 아예 무통으로 화만 돋우고 그만두었다. EBS '집' 탐구 프로그램을 통해 건축설계사들의 집 설명과 디자인적인 집을 보면서 몇 군데 알아보고 다녔지만, 나와 맞는 곳을 찾지 못했다. 결정적으로 건축설계 비용이 만만치 않았다.

그리고, 박람회 등을 다니면서 추천받은 하우징을 몇 군데 가 보고 견적도 물어보았다. 하우징들은 기본적으로 건축설계팀이 있어 설계와 시공 그리고 건축허가까지 전부 진행하는 시스템이다.

하우징에서 설명을 듣고 나오면서 나랑은 맞지 않는다는 사실을 매번 느꼈다. 진퇴양난이다. 집 짓는 비용이 부족해 마음껏 선택할 수도 없고, 아는 지식이 없으니 직영을 선택할 수도 없었다.

우와좌왕하면서도 모든 상황을 봤을 때, 직영건축으로 마음이 끌렸다. 또다시 시공업체 카페를 들여다보기 시작했다. 카페마다 건축주들이 집 짓는 과정에 적극적으로 참여하고, 전문가보다 더 열심히 정보와 데이터를 수집하는 글을 보면서 나는 더 막막해졌다. 처음부터 끝까지 신경 써야 하는 부분에서 '내가 어떻게, 뭘 알아야 집을 짓지' 그런 생각에 맞는 선택인지 확신하지 못했다.

그렇지만 그건 어디까지나 인터넷으로 검색한 것이기 때문에 기죽지 말고 나의 장점인 발품으로 현장을 다녀 보고 결정하기로 했다.

첫 번째 업체는 카페를 통해 익히 알고 있었던 곳으로 빌더들이 모여 만든 협동조합이다. 마음에 쏙 들었다. 면담도 친절하고 내가 원하는 외장재인 스타코플렉스로도 가능하다고 했다. 그런데, 나는 모르는 것이 너무 많아 그곳에서 불러 주는 대로 받아쓰기를 하면서 수많은 과정을 세세하게 알아야 한다는 것에 너무 큰 부담이 되었다. 추운 겨울부터 시작해 여름이 시작하는 동안 시공업체를 만나기 위해 용인에 있는 업체, 천안, 강남, 남양주, 다시 용인 등 지금은 아물거리지만 수도권을 중심으로 건축 현장까지 지하철과 버스를 갈아타면서 나와 맞는 팀을 찾아다녔다.

시간이 어느 정도 흐르는 사이 점점 힘에 부쳐 어떻게 해야 잘할 수 있는지도 알 수 없을 즈음 중간 점검을 하면서 기운을 차렸다.

> 1. 경량목조건축으로 집을 짓겠다.
> 2. 직영으로 짓는 것이 맞다.
> 3. 시공업체를 찾는 것이 먼저다.
> 4. 발품 파는 것이 힘든 것이 아니다.
> 5. 너무 많은 과정을 감당하기 어렵다.

이런 중간 점검을 거치면서 시스템이 비슷한 두 업체를 찾았다. 그러다, 우리 집을 지을 곳을 만났다. 수호천사 소장님은 내가 고민했던, '아는 것이 너무 없다'를 해결해 주셨다.

집을 짓는 과정은 본인이 책임지고 진행하고, 내가 걱정하는 인테리어에 속하는 마감 등도 시공업체의 협력업체를 이용하면 된다고 했다.

한마디로 직영건축이지만, 시공업체의 주도하에 나의 의견을 담으면 되는 시스템이다. 살짝 더위가 느껴지는 6월쯤에 남양주 현장에서 만난 소장님의 친절한 설명에 기분이 좋았다. 발품을 판 과정을 종합해서 직영건축으로 수호천사를 선택했다.

경량목조건축을 선택하는 과정에서 갈등했던 한옥, 황토집, 중목, 통나무, 생태건축 등 로망에 가까웠던 건축양식을 포기하기로 했다. 집을 짓는 과정은 자발적인 불편함이 아닌 나의 편의성을 고려했다. 변명이지만, 나이 들면서 어쩌면 속물이 되는지 모른다. 어느 시절은 '자발적'으로 조금은 생태적으로 삶을 살고자 했다. 하지만, 결국 몸이 나이를 먹고, 시골에 온 이유를 찾다 보니 나는 생태건축의 자발적 불편함을 원하지 않았다. 또한, 예술적인 건축은 나의 로망일 뿐이다.

나에게 시골집이란 도시에서 지쳐 버린 정신과 몸을 완화하고 비우는 곳이다. 그동안 바쁘게 살면서 꿈꾸지 못했던 작고 소소한 것들을 풀어갈 수 있는 집을 원한다.

이 생각이 맞는지도 모르겠다. 맞다고 할 수도 없고, 틀리다고 비웃을 수도 없다.

나의 삶에서 오늘 이 시간 집을 짓고, 새로운 삶을 열어가기 위해 조금은 게으르고, 조금은 덜 외로운 집을 경량목조주택으로 선택했다.

평면도와
마주하기

> 남향을 잘 살리고 땅과 마주하나
> 하늘도 보이는 집

봄담의 모양새는 나를 닮은 듯하다. 평면적이고 단순하다. 생각이 입체적이지 않은 나의 내면이 보인다. 세상을 바라보는 시선이 평면적이지만, 그 안에 공백이 있기를 바라는 마음이 투영된 느낌이다. 우리 집을 중심에 두고 보면 소나무와 참나무 숲이 커다랗게 둘러싸여 마을을 포근하게 감싸 안은 모습이 엄마 품 같다. 봄담이 자리를 잡게 될 집 앞은 밭이며 그 너머 도로 앞에 우사가 있다. 그리고 몇몇 집들이 보인다. 밭가운데 길이 만들어지면 큰 길에서 조금은 안쪽에 우리 집이 자리한다.

▍바깥 세상이 바뀌는 것을 느낄 수 있는 집

나는 생각이 나면 먼저 몸이 움직인다. 부산으로 갔을 때도, 이곳 홍동으로 오는 것도 결국 꿈을 꾸는 순간부터 몸이 앞으로 조금씩 나아가면서 세상과 마주했다. 조그마한 울림이 주는 하루하루가 오늘에서 멈출 것인지 정면으로 마주하고 이어갈 것인지는 오늘을 어떻게 사는가 하는 문제다. 나는 그렇게 오늘이라는 하루를 잊지 않고 마주했으며 찰나라는 순간을 이어갔다.

누구나 어둡거나 습한 것을 좋아하지 않는다. 어쩔 수 없는 상황이 아니면 그곳을 빠져나가려고 할 것이다. 습한 것을 싫어하지만, 창문은 크고 서로 통했으면 했다. 그래서 창호의 에너지 효율을 중요시했다. 창을 통해 여름을 보내고, 가을에 젖고, 겨울을 느끼고, 봄을 맞이하는 집에서 사는 것을 상상했다. 그렇게 창으로 들어오는 계절을 상상하다 보면 저절로 기분이 좋아진다.

시작하는 것을 좋아하는 나는 완주를 끝까지 못한 것이

많은데 이번 봄담 프로젝트는 일단 완주했다. 봄담의 시작부터 지금까지 너무 많은 변수와 힘듦이 있었지만 오늘을 맞이했다.

> ### 심심하지 않고, 어둡지 않아
> ### 홀로 있어도 무섭지 않은 집

막상 직영건축을 선택하고 나니 너무 막막했다. 설계는 시공업체에서 스케치업으로 해 준다고 했지만, 내가 살 곳이니 평면적인 구성은 당연히 나의 의견이 있어야 했다.

어디서 무엇을 시작해야 할까? 특히 나같이 공간적인 감각이 약한 사람에게는 너무 힘든 일이다. 그때부터 수많은 건물도면과 전원주택 자료들을 보기 시작했다. 핀터레스트를 중심으로 국내 견본주택들, 건축설계사의 집, 전원주택 잡지 등을 찾아봤다. 하지만, 좋은 것을 보면 볼수록 집 짓는 예산(가장 현실적으로 중요)에서 멀어지고 눈만 높아졌다. 내 눈은 건축설계사가 디자인한 집들만 보였다.

나다운 집이란 어떤 것인가 또 고민했다. 다시 원점에서 생각하니 나는 외롭지 않고 심심하지 않았으면 했다. 나는 사람들을 좋아하기 때문에 지인들이 와서 편안하게 있을 수 있도록 마감재는 밝은 색감을 주로 사용했다. 주방은 원목과 화이트, 집 전체는 화이트 계열의 합지를 이용하기로 했다. 땅이 평지이고 마을 초입이다 보니 마을과도 어울릴 수 있는 집 모양새도 필요했다.

다락을 버리고 이층집으로

우리 부부는 집을 2층으로 짓기로 했다. 그 이유는 남편의 공간이 절대적으로 필요했기 때문이다. 또한, 당시 나는 북 카페, 서점, 갤러리 등 집과 함께 하고 싶은 것을 생각했지만 여러 가지 여건들이 맞지 않았다. 특히 지붕이 각각 있으면 집이 두 채가 되기 때문에 생각을 멈추고 집만 짓기로 했다. 거실과 다이닝룸 그리고 부엌을 하나로 연결 (일본식 LDK: Living, Dining, Kitchen) 하기로 마음먹었다. 어떤 집을 짓든 부엌은 어느 정도 넓었으면 했다.

처음에는 다락을 생각했다. 다락은 우리처럼 박공지붕일 경우 높이가 1.8m 이하이며 냉난방시설과 화장실 설치를 못한다. 그 당시 다락을 서재처럼 꾸며 놓은 집을 구경했는데 역시 불편하다는 생각을 하면서 과감하게 다락의 로망을 버렸다.

2층으로 집을 짓기로 결정하면서 방은 4개로 구성했다. 바닥은 30여 평 내외가 되었으며 2층은 계단 위치 등을 고려하다 보니 18평으로 매우 큰 집이 되었다.

▎평면도를 어떻게 그려야 하나?

맛보기 교육으로 스케치업 수업도 받았지만 기본적으로 따라가기가 힘들었고, 연습할 수 있는 여건마저 부족해서 그만 포기했다. 그런 다음 종이 위에서 고민했지만 역시나 종이 한 장에 다 못 그렸다. 그러다 찾은 것이 플로어 플래너floorplanner라는 프로그램이다. 이 프로그램은 왕초보에게 매우 고마운 도구로, 쉽고 간단하게 평면도를 그릴 수 있다. 대략적인 문 위치와 1층에 방 2개, 화장실, 다용도실 등을 그리고 건축시공업체와 대화를 시도했다. 시공자의 아이디어로 2층도 그려졌다. 그리고 나는 스케치업을 통해 입체적으로 집의 구성을 수정하기 시작했다.

▌ 마감에 대하여

집들을 구경하다 보니 페인트 질감의 스타코플렉스로 마감한 집들이 먼저 눈에 들어왔다. 다양한 색상을 건축주 취향에 맞게 정할 수 있어서 좋았다. 또 벽돌집이 아름답게 보였다. 그런데 우리가 선택한 시공업체는 스타코플렉스로 마감하지 않는 조건에서 계약한다고 했다. 시간이 지나면서 벽면에 크랙^{crack}현상이나 오염에 의한 눈물자국 등 하자 발생률이 매우 높아 지양한다는 것이다. 집을 짓고 나서 세월이 지나도 손이 많이 가지 않도록 하는 것은 중요하다. 또한, 경량목조건축에서 외장마감을 벽돌로 하게 되면 4~5년에 한 번씩 발수제를 도포해야 누수 등을 막을 수 있다고 했다. 마감재 중 벽돌집도 멋스러워 고민했지만, 결국 세라믹사이딩(퓨제)을 선택했다. 다만, 세라믹사이딩은 종류가 다양하지 않아 고르는 데 심혈을 기울였지만, 차별성에서는 약하다. 봄담만의 다양성을 추구했지만, 여건이나 실력이 이를 받쳐주지 못했다.

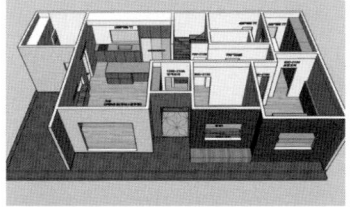
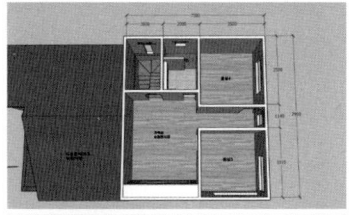
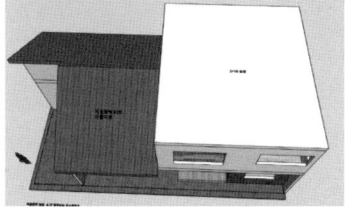

총면적 : 154.33m²(46.7평)
1층 : 94.79m²(28.6평)   2층 : 59.54m²(18평)
구조 : 경량목구조   지붕 : 알루미늄 무소음징크
외벽 : 아이큐브 세라믹사이딩   창호 : 살라만더 독일식 시스템창호

공간의
의미 생각하기

나는 결혼 이후 대부분 빌라에서 살았다. 그곳에서 '내 방'을 꾸미고 가꾸면서 지낸다는 것은 생각지도 못했다. 하물며 방에 의미를 부여한다는 것은 더욱 낯설었다. 전체 진행부터 세세한 인테리어 소품까지, 선택 할 때마다 멈칫한다. 이렇게 방의 의미를 고민한다는 자체가 얼마나 감사한지.

봄담은 처음부터 나에게 섬세함과 전체를 보는 시야를 요구하고 당연히 그렇게 즐겼다. 집을 한 번 지으면 평생 다시는 집 지을 생각을 하지 않는다는 말이 있다. 하지만, 나는 평생 한 번뿐인 순간을 즐기고 있다.

나는 이곳이 가장 평범하면서도 일상을 살아갈 때 그 역할과 의미를 담아내는 곳이기를 바란다. 봄담이 지니고 있는 여백을 하나하나 채우면서 나의 일상이 빛나기를, 그 빛나는 일상을 살아갈 시간의 오늘을 담고 싶다.

▍1층은 메인 공간으로

처음 봄담의 문을 여는 순간 충만함과 마주하기를 원했다. 온기를 품은 채 거실에 들어서면 편백나무로 마감한 서까래 천장이 보인다. 오픈 천장을 보면서 답답했던 삶의 시간에서 벗어났다는 것을 단번에 느낄 수 있다면 좋을 듯하다. 잠시 여기서 어느 시간의 한 부분을 멈추거나 아주 천천히 보내고 싶다. 그래서 한 번쯤은 봄담에서 오늘이라는 하루를 소중하게 여기기를 바라 본다.

거실 앞은 남쪽이라 통창을 두었다. 창밖을 물끄러미 보고 있으면 밭이 보이고 마을 길을 지나는 주민들이 프레임 안으로 들어올 것만 같다. 하루의 날씨와 함께 오늘의 감사함을 느껴 보는 공간이다.

중문을 열고 오른쪽으로 가면 끝에 문이 하나 나온다. 이곳은 나만의 공간으로 침대와 욕실, 드레스룸이 함께 있는 독립된 곳이다. 개방적이면서도 독립적인 공간이 필요하다.

• 침실 •

거실 TV는 없지만 안방에 TV를 설치했다. 아예 TV를 설치하지 않으려고 했다가 내가 영화를 좋아한다는 사실을 인정하고 과감하게 안방에 두기로 했다. 침대 헤드를 템바보드로 만들어 침대 베이스를 살 때 헤드가 없는 것을 찾았다. 건축양식을 보면 시대를 읽을 수 있듯, 현재 유행하고 있는 자재나 스타일을 찾아 조금은 편리한 방향으로 집의 인테리어를 고민하면서 도면을 고쳐 나갔다.

• 옷방 •

별도로 옷방이 없는 빌라에서 살다 보니 옷방에 대한 로망이 생겼다. 어쩌면 '아파트' 구조에 대한 부러움이 묻어난 것일 수 있다. 집을 짓는 순간순간 최선을 다해 발품을 팔았지만, 그때마다 소비심리가 점점 높아지는 나의 내면을 만났다 .
"이래도 되는가?"

'편리함'을 내세운 나머지 사치가 허용되는 것을 가장 큰 경계로 인식하면서 마음을 내려놓는 연습을 했다. 아이러니하게도 경계의 마음으로 만들어진 곳이 옷방이다.
안방 문을 열고 들어가 왼쪽에 옷방과 욕실로 이어지는 아치형 문을 만들고 도어를 달지 않았다.
1층 옷방에 붙박이장과 미니 화장대를 놓고, 2층과 모든 방에는 가구를 넣지 않기로 했다. 그리고 옷방에서 안방 욕실로 들어가는 미닫이문을 만들었다. 그러면 될 듯싶다.

• 작업실 •

집에 있을 때 가장 많은 시간을 보내는 곳이 식탁이다. 서재나 작업실이 따로 없는 생활에서 식탁은 늘 그 쓰임새를 다한다. 음식을 하고, 밥 먹고, 책 읽고 노트북으로 일도 하고, 손님도 맞이하고, 저녁이면 가족을 만난다. 식탁은 '집'에서 가장 많은 일을 하는 공간이다.

내 주변 주부들도 공간이 없는 것은 마찬가지지만, 다행히 나는 집을 짓게 되었다. 나는 집을 지으면서 서재를 가장 우선으로 생각했다. 서재는 모든 곳에서 편안하게 드나들 수 있도록 중문 바로 옆에 마련했다.

원목 테이블과 책장, 그리고 편안한 의자를 배치하고, 한쪽 벽면에 책장선반을 짜서 설치했다. 집을 다 지은 지금은 나의 오래된 기억의 책과 다시 읽고 싶은 책을 전시하고 있다. 작은 작업실은 나에게 시골로 내려갈 명분을 안겨 준 방이다. 도시에서 느끼지 못한 충만한 하루를 만나는 곳, 창문을 여니 온갖 새들이 합창한다.

• 화장실, 세면대 •

처음에는 화장실이 세 군데나 되는 것이 낭비라 생각해서

두 곳으로 구성했다. 1층에 하나 2층에 하나.

경험이 전무한 내가 집을 구성하다 보니 시야가 좁고, 실수도 잦다. 그중 하나가 화장실이다. 화장실은 터를 잡는 기초공사 전에 확정해야 배관 등을 설치할 수 있다. 나는 잘 알지 못한 채 서둘러 기초공사를 본공사보다 훨씬 전에 시작했다.

기초공사가 끝나고 한참 후에야 그 실수들이 보이기 시작했다. 평소 혼자 지내고 있는 상황에서 밤마다 안방 문을 열고 나와 화장실을 가는 것은 아니라는 생각이 들었다. 한번 생각이 드는 순간 불안한 마음이 들어 고치지 않으면 안 될 것 같았다. 결국 안방과 연결된 화장실로 변경했다. 사실, 화장실은 구조를 설계할 때 처음부터 여러 가지를 고민해야 한다.

세면대의 방향과 크기, 욕조 크기와 형태, 샤워기 위치 등 매우 정확한 크기까지 섬세한 것을 요구한다. 화장실이 세 군데다 보니 화장실마다 분위기를 살려 실용적이면서도 다양한 디자인을 넣고자 했다.

특히, 변기와 세면대를 가장 먼저 고민했다. 수압에 대한 걱정부터 세면대, 샤워기 등 인테리어에 속하는 여러 부분까지 고려했다. 1층 안방 화장실과 2층 화장실은 비데 일체형 변기로 결정했다. 생각보다 고장률이 심하지 않다는 소비자 의견들이 많아 과감하게 선택했다. 그동안 렌탈로 비데를 사용해 왔는데 가격을 계산해 보니 렌탈 비용이 너무 비쌌다. 세면대는 1층은 매립형 건식 스타일, 2층은 탑볼로 습식 세면대로 결정했다.

• 욕실과 욕조 •

조적 방식의 욕조로 정한 지 오래였다. 그런데 시간이 지날수록 그 로망이 점점 깨지고 흔들리기 시작했다. 인터넷과 매장을 다니면서 시장조사를 하다 보니 조적 욕조로 할 경우 물의 온도를 높이는 데 시간이 오래 걸린다는 것을 알게 됐다. 크기도 처음에는 굉장히 크게 했으므로 물의 양도 많아 연료비(LPG 가스)도 걱정되었고 또한 타일

마감에서 더 망설이게 되었다. 마음에 드는 타일은 수입 타일로 내 형편하고는 맞지 않았다. 결국 "조적 욕조는 실용적이지 못하잖아" 하면서 포기했다.

편백 욕조는 "제작 비용에 비해 관리가 힘들어", 이동식 욕조는 "시각적으로 아름답지만 우리 집 화장실 공간과는 어울리지 않아", 그러다 다시 세라믹 이동식 욕조에 시선이 쏠렸지만, 그 마음도 내려놓았다.

합리적이고 내 형편에 맞는 아크릴 매립형 욕조에 정면을 타일로 마감하는 것으로 정리했다.

많은 욕실 자료를 보다 보니 화려하고 아름다운 욕실을 만들고 싶은 마음이 생겼다. 하지만 이런 마음조차 탓하고 싶지는 않다. 그래도 내려놓는 작업을 통해 나는 다시 한번 배웠다. 시장조사를 2~3년 하다 보니, 나는 나의 시선이 점점 저 높이 올라가는 것을 느끼는 순간과 늘 마주한다. 그때마다 마음에 도사리고 있던 욕망의 집어등이 나를 유혹하는 것을 느낀다. 나는 소비자일 뿐이라는 생각을 순간순간 놓치고, 마치 이것을 소비하지 않으면 자존감이 떨어질 것만 같을 때도 있었다. 선택적 소비를 이야기하고 작은 실천이라도 하려는 나와는 다른 모습을 보면서 어쩔 수 없는 이 시대의 소비자임을 자각한다.

· 부엌과 거실 ·

오픈 천장으로 맞이하는 부엌과 거실은 따뜻한 원목과 화이트가 조화를 이룬다. 이곳은 편안함과 연결을 위한 공간이다. 특히 주말이면 서울에서 지친 몸을 이끌고 오는 남편과 한 끼 밥을 먹는 정겨운 곳이다.

서울과 봄담의 낯섦을 줄이는 곳. 밥 한 공기로 서로가 마주할 수 있다는 게 아늑하다.

과하지도 않고 부족하지도 않은 나만의 부엌은 거의 반년의 시간이 필요했다. 부엌의 형태를 어떻게 할 것인가를 고민하기 시작한 것이 첫 번째 순서다. ㅡ자형, ㄱ자형, ㄷ자형, 11자 대면형에서 어떤 스타일로 할 것인가를 찾았다. 처음에는 ㄱ자형에 아일랜드 식탁을 대면형으로 하면 어떨지 고민하다 미처 냉장고를 생각하지 못했다.

봄담은 이사를 오는 것이 아니라, 홍성에 새로운 살림을 차리는 과정이다. 당연히 냉장고를 새로 구입해야 하는데, 최근에는 다양한 제품들이 시중에 판매된다는 사실을 인식하지 못했다.

ㄱ자에서 꺾이는 부분의 길이가 2760mm이다. 특히 ㄱ자는 꺾이는 쪽에 죽는 공간$^{dead\ space}$이 발생하기 때문에 냉장고를 넣고 나면 답답한 구조가 나온다. 냉장고의 선택이 한정적이고, 버리는 공간이 너무 많다.

부엌은 나와 집을 연결하는 끈이다. 외로움이 지배하는 시절에도 이상하게 작은 방에 싱크대가 덩그러니 놓여 있기라도 하면 나는 기분이 좋았다. 자취할 때 부엌이 있는 것을 확인하고 방을 구했고 부엌이 없는 곳은 숨이 막혔다. 그곳에서 음식을 해 먹든 못 해 먹든 상관없이 부엌이 있는 곳을 찾아 다닌 기억이 있다. 요즈음은 원룸에 웬만한 가전제품들이 있어서 이런 고민을 했다는 것이 너무 오래된 사람 같지만, 나는 결혼하고 이사할 때마다 부엌을 먼저 살폈다.

부엌은 그렇게 일상을 사는 나에게 다양한 이야기를 전해주는 곳이다. 밥상을 차리는 부엌은 늘 바빴다. 그곳은 공동구역이자 오로지 나만의 공간으로 존재한다. 그렇게 부엌이라는 공간 특히 식탁이라는 공간이 주는 의미와 역할은 내 삶의 중심이다.

십여 년 전 몸이 아팠을 때, 오래된 부엌을 고치기로 마음먹었다. 어느 날 싱크대와 찬장이 무너져 내리는 순간을 보면서 나는 내 몸을 보는 듯 절망적인 감정이 온몸을 불안에 떨게 했다.

부엌을 고치지 않으면 내가 낫지 않을 것만 같아 나는 망설이지 않고 부엌의 구조와 싱크대 등 전면적인 리모델링을 시작했다. 여러 업체와 다양한 종류의 싱크대를 알아보다 최종 선택한 것이 원목이었다. 싱크대는 一자 형식으로 벽쪽에 붙이고, 그 앞에 아일랜드 식탁을 만들었다.

그곳에서 10여 년을 살았다.

그리고 시골에 집을 지으면서 다시 부엌에 대한 생각을 하니 살짝 긴장도 되고 욕심이 생긴다. 한도 끝도 없이 틈만 생기면 욕망에 무방비다. 특히 부엌과 마주할 때엔 더 자주 느낀다.

이번에는 건식무늬목으로 하고 싶었지만, 나의 예산보다 높아 포기했다. 그때나 지금이나 난 나무가 좋다. 합리적 판단과 결정을 위해 다시 여러 업체를 찾아 열심히 발품을 팔았다. 그렇게 싱크대와 아일랜드 문과 상판 등 꼭 필요한 곳을 레드오크로 결정했다. 집의 전체 분위기를 생각하며 새로운 자재들이 무엇이 있는지 살펴보면서 부엌에 대한 이미지를 만든다. 다시 원목으로 부엌을 디자인할 것을 생각하니 기분도 살짝 좋아진다.

특히 셰프의 이미지를 살리는 아일랜드 식탁에 싱크볼과 인덕션을 함께 설치하는 대면식 부엌이 눈에 띄었다.

그렇지만 요리하는 과정 등이 정면으로 보이게 되면서 어지러운 싱크대가 그대로 드러나기에 대면식 싱크대는 과감하게 접었다. 그러다 나는 설거지하면서 사계절이 창문으로 들어오는 그리움 같은 걸 상상하면서 큰 창을 만들

기로 했다. 주방 구조는 정말 많은 시간이 들어갔다. 하지만, 딱히 답은 없다. 다만, 공간을 많이 차지하는 것이 냉장고임은 분명하다.

만약에 봄담을 처음부터 전문가의 도움으로 집을 지었다면 어떤 형식의 주방과 거실이 되었을까?
궁금은 하다.

나만의 부엌을 위한 봄담 포인트

- ✓ **컨셉 정하기**
  부엌은 연대의 공간이자 가장 따뜻한 공간,
  모던하면서도 따뜻한 톤

- ✓ **부엌의 형태 디자인하기**
  11자 형식으로 아일랜드 3000mm

- ✓ **창문과 벽 고민**
  북쪽 벽면에 큰 창, 냉장고(원도어로 결정 : 냉장고,
  냉동고, 김치냉장고), 상부장 안 하기로 결정

- ✓ **거실과 부엌의 바닥 자재**
  광폭강마루 대리석 느낌 1층 통일하기

- ✓ **싱크대 자재 선택하기**
  도어 : 원목, 내부 : LPM, 상판 : 인조대리석

- ✓ **싱크대 구성 설계하기**
  수납장의 역할 : 접시, 냄비, 프라이팬, 컵, 그릇,
  양념장, 수저 등

- ✓ **준공과 관련된 부분 체크**
  인증받은 수전

- ✓ **후드**
  부엌의 중요한 요소, 가격은 천차만별
  디자인적인 요소

- ✓ **여러 가지**
  싱크대 볼, 인덕션(국내), 식기세척기

- ✓ **아일랜드 식탁**
  3000×900×900mm으로 정하고, 가로 1400mm는
  식탁용, 나머지는 조리대로 구성

• 다용도실 •

다용도실은커녕 부엌에 창문 하나 없는 집에서만 살았다. 집에서 살림하는 나에게 다용도실이 없고 있고는 많은 것이 달랐다. 부엌 바로 옆에 다용도실을 큼지막하게 만들고, 서쪽으로 문을 달아 그곳으로 나가면 바로 현무암 데크와 연결되도록 했다.

이곳에서 김장도 하고, 장독도 올려놓고, 간단하게 고기도 구워 먹을 수 있도록 편리하게 했다. 다용도실 안에는 보일러실과 세탁기 등 전자제품이 들어가고, 수납장을 설치했다. 특히 이곳은 단차를 두었으며 바닥에 수도꼭지와 배수구를 설치했다. 나는 이 공간의 쓸모가 너무 좋아 신이 났다. 다만, 콘센트가 수도꼭지 옆이라 약간 불편하다.

• 현관, 계단 아래 창고 •

현관에 들어서면 깔끔한 공간에 포세린타일로 마감한 바닥을 밟을 수 있다. 붙박이 신발장 사이에 벤치와 거울을 설치하고, 신발장 아래에 불이 들어오게 했다. 아주 넓은 공간은 아니지만, 좁지도 않고 적당하다.

계단 아래 빈 공간을 활용하여 만든 창고는 CCTV와 청소기, 기타 휴지 등을 보관하기 좋아 집 안에 돌아다니는 소품들을 숨길 수 있다.

• 거실 화장실 •

화장실을 뜯어 고치면서 재탄생한 곳이 바로 이 작은 화장실이다. 아주 작은 공간이지만, 쓸모 있게 지었다. 바깥일을 하고 들어왔을 때 간단하게 손과 발을 씻을 수 있으며 특히 손님들이 편하게 사용할 수 있는 공간이다. 청소는 스프레이건으로 한다.

2층 남편 공간으로

2층은 오로지 남편을 위해 만들었다. 당분간 주중에는 서울에서 생활하고 주말에 봄담에서 사는 삶, 즉 5도 2촌의 꿈을 실현할 수 있는 낭만이 있는 공간이다. 서울에서 바쁘게 일하고 온 남편이 이곳에서 재충전하기를 바란다. 2층의 특징은 창문이 동쪽, 서쪽, 남쪽으로 크게 나 있어 마을의 전경이 한 눈에 들어온다. 가구를 최소화하고 손님들이 왔을 때 편안하게 지낼 수 있는 공간이다.
쉼이 있는 공간으로 시간과 애정을 담았다.

· 침실 ·

2층의 침실은 짧은 복도 안쪽에 있어 독립된 곳이다. 싱글 침대가 놓여 있고, 동쪽으로 큰 창이 있어 침대에 누우면 햇살과 함께 동쪽 마을 끝이 한눈에 들어와서 아름답다. 마음이 답답하거나 우울할 때 한눈에 들어오는 풍광이 아늑하고 좋다.

· 놀이방 ·

처음부터 이곳을 남편의 놀이방으로 만들었다. 원래, 방이 아닌 포치로 하려 했는데 그 쓰임새가 너무 한정적이라는 생각이 들어 다시 방으로 만들었다. ㄱ자 큰 창문을

통해 마을 전체가 한눈에 들어오고, 서쪽과 남쪽의 산과 하늘이 고스란히 담긴다. 창문 아래에 좁은 테이블이 있어 여기에 앉아 차라도 한 잔 마시면 여행하는 느낌이다. 어떻게 놀지 상상하면서 꾸미면 좋을 것 같다.

• 거실 •

놀이방을 포치에서 방으로 전환하면서 거실의 창가에 걸터앉을 수 있는 윈도우시트를 만들었다. 통창에서 바라보는 우리 마을이 아름답다. 천장에 실링팬을 달고, 라인조명을 사각으로 설치했다. 2층 바닥은 광폭 강마루의 노르스름한 오크 느낌의 색상을 선택해 따스한 느낌을 살렸다.

• 화장실 •

다락을 하지 않고 굳이 2층으로 집을 지은 이유는 화장실 때문이다. 화장실의 불편함을 해소하기 위해 큰 결심을 했다. 비용과 여러 측면은 과하지만 그래도 2층이 있어 봄 담의 마음을 느낄 수 있다. 그만큼 2층 화장실은 처음부터 세련되면서도 깔끔한 디자인을 원했다. 샤워부스를 타일 파티션으로 하고 매립 선반으로 액세사리를 최소한으로 줄이고, 타일 또한 원톤으로 마감했다. 심플하고 간결한 공간이다.

• 창고형 이불장 •

계단 위 공간을 활용하여 이불장을 만들었다. 이 공간으로 인해 큰 가구들이 필요없어지면서 2층의 활용이 더 커졌다.

봄담이 되어가다

토목공사

기초공사 벽체 레이아웃

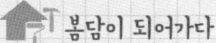

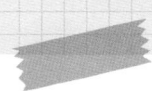

벽체 시공

헤더단열작업

백커(backer)에 벽체 고정

장선 철물

비계설치

벽체제작

장선 시공

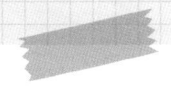 봄담이 되어가다

비 피해 막기 위한 보양작업

2층 벽체 시공

전기공사

마룻대 시공

서까래 시공

다시, 봄 - 직영으로 집짓기

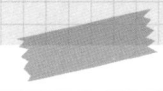

1층 서까래 및 이중지붕 시공

1층 외벽 OSB 합판 시공

지붕 테크쉴드 합판 시공

계단 시공

서까래 시공 후

서까래 타이

투습방수지

합판 시공

지붕 방수시트

투습방수지 테이핑

기단부 아스팔트 프라이머

레인스크린

2층 방수합판

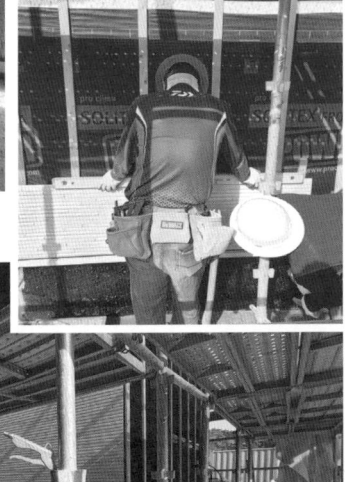

세라믹사이딩 시공

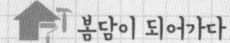 봄담이 되어가다

레인스크린

수성연질폼

2층 천장 그라스울 단열재 충진

세라믹사이딩 시공

단열재 시공

다운실링

단열재 시공

천장 상작업

다용도실 방수 석고보드

석고보드

단열재

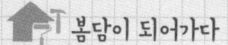 봄담이 되어가다

엑셀배관

2층 박공지붕 소핏벤트

지붕 멤브레인 시공

방통 밑작업

알루미늄 무소음징크 시공

마감목재 가공

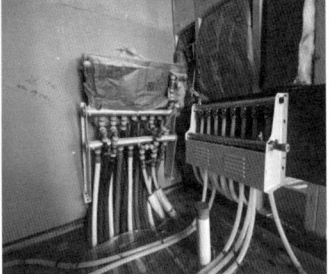
냉온수 및 보일러 분배기

방통(방바닥통미장)

현관 앞 지붕 징크 시공 마무리

천장 마이너스몰딩

현관 앞 처마 큐브클래딩

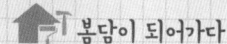 봄담이 되어가다

전등 레이아웃 작업

설비 배관

비계철거 후 모습

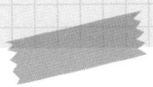

크나우프 샌석고보드 시공

창문 선반

퍼티작업

외부 설비

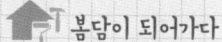

윈도우시트

계단시공

외부 설비

벽면선반

큐브클래딩 마감

욕실 방수 시공

기단부 단열

루바

거실 마룻대

서까래

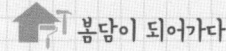

침실헤더

정화조

석재 데크

2층 창고선반

벤치

간살 중문

라인조명

사진 출처 : 수호천사하우징 NAVER 카페

6부

봄담의
하루

<	영수증	≡

승차권번호

발행일시　　　　　2022년 04월 25일 (월) 18:41

2022년 04월 25일 (월)

무궁화호 1566 | 일반실 | 6호차 42

용산　　　　〉 홍성

어른 1매, 어린이 0매 | 할인 : 0명

결제방식　　　　　　　　　　카카오페이 머니

가입하신 이동통신요금제의 문자 한도초과시 요금이 추가로 부과될 수 있음

팩스 발송	이메일 발송

4월의
홍성역

익산발 무궁화호를 기다리고 있다. 용산역은 언제나 떠나려는 사람들 틈에서 돌아온 자들이 빠르게 움직이는 곳이다. 시간을 지키지 않고 살았던 사람들마저 이곳은 미리 와서 저마다 잠시의 쉼을 한다. 어쩌면 조급하다. 기차를 놓치면 일찍 온 사실이 무색하기 때문이다.

나도 내남없이 가장 먼저 화장실을 찾아 다녀오고, 그래도 조금 시간이 나면 내 배를 살짝 움찔하게 만져 보고 별 반응이 없으면 그제야 비로소 안심한다. 그런 다음, 혹시나 하는 마음으로 물 한 통 사고 나서야 발걸음이 플랫폼을 향해 나간다. 나의 표를 휴대폰으로 확인한 다음 무심

다시, 봄 - 봄담의 하루

한 듯 나의 자리를 찾는다. 이제 이곳을 떠나면 내가 미래를 살아갈 곳, 홍성으로 간다.

무궁화호 기차는 느리듯 빠르게 모든 역을 경유하고, 잠시 멈출 때마다 다른 봄들이 조금씩 기차 안까지 흘러 들어오는 것을 느낀다.
나른한 긴장을 잠시 내려놓자 살포시 잠이 들었다. 어느덧 온양온천을 지나고 있다. 잠시 잤는데, 이불에서 자는 잠보다 더 꿀잠을 잔 듯 개운하다.

바람이 들어왔다. 나의 텅 빈 혼은 아, 사람들이 나가는구나 생각한다. 무심히 그 순간을 보내고 나면, 이 시간이 바로 살아 있음을 느끼는 찰나였음을 느낀다.
역은 어느덧 홍성역에 닿았다. 내려야 한다. 여기서 못 내리면 나는, 다시 헤맬 것 같다. 살면서 내려야 할 정류장에서 내리지 못하고 지나친 순간들, 그리고 그 대가로 공짜 없는 인생을 살았다. 여기서 다시 내리는 순간을 놓친다면 또 힘들게 돌아서 와야 할 듯하다.

지금은 홍성에 있는 집터로 향하는 시간이다. 그렇다고 이 시간이 오직 기쁨만을 주지는 않는다. 나의 시간 안에는 미래를 꿈꿀 수 없었던 시간이 엄연히 존재하기 때문이다.

기차역에서 내려 낯선 가방들을 무심히 따라갔다. 거의 멍한 상태다. 아무런 생각이 존재하지 않는다. 아마, 2014년 4월 16일 304명의 사람이 사라진 그날 이후 나는 산다는 것에 대한 깊은 허망함을 느끼면서 살았다. 당시 대장암 수술 후 요양하고 있었던 나는 나의 목숨, 나의 생명에 대한 끈질긴 욕망으로 침몰하고 있었다. 그런데, 그날 나의 연연함이 참으로 낯설고 염치없는 것임을 느꼈다. 사람의 일이란 알 수 없는 것이다. 우리는 왜 그들을 못 구했는지, 왜 그 많은 이들이 죽어갔는지 아직도 모른다. 그래서 나는 기억하고, 또 기억할 것이다.

어쩌면, 그날부터 나는 나의 목숨에 내 아픔에 연연하지 않았다. 나의 몸과 정신이 비정상적으로 가동하고 있었던 그 시절, 비틀거리는 나를 용서할 수 없었다.

홍성역으로 나왔다. 앞을 보는 순간, 눈물이 났다. 바람에 날리는 꽃눈을 보면서 오늘 같은 날이 왔다는 사실이, 나에게 미래라는 단어를 이야기할 수 있는 홍성에 왔다는 사실이 믿기지 않았다.
살아간다는 것이 어쩌면 이렇게 냉혹하고 잔인한지.
산 자는 산다.
매서운 이 말 한마디에 나는 휘청거린다.

내 앞에 낯선 가방들이 지나가듯, 모든 사실은 그냥 지나간다. 오직 남아 있는 것은 내가 지금 이 순간, 살아 있음이다. 과연 나는 그래도 되는가 말이다.
매일매일 아이들이 생각난 것은 아니다. 가끔 아름다운 것을 마주치지 말자고 바랐을 뿐, 죄책감이 올라온 건 아니다. 도착한 곳에서 나의 봄이 속절없이 아름다운 것을 들키지 않기를 바랄 뿐이다.

깻잎과
풀

흙을 고르고 골랐다. 밭의 무상을 알 리 없는 나는 멍하니, 하늘 한 번 밭 한 번 쳐다보면서 이 땅이 왜 나에게로 왔을까에 멈추었지만, 남편은 가만히 있지 않았다. 하늘처럼 넓게만 보였던 흙을 뒤집고, 땅을 만들어 가고 있었다. 앞집 농부의 도움도 기꺼이 받아 트랙터로 밭을 갈았다. 고랑이 생기고 유기질소가 뿌려졌다. 그러는 사이 다섯 고랑의 깻잎 밭이 만들어졌다. 땅이 밭이고 밭에 무언가를 심어야 한다는 사실이 너무나 막막하고 엄두가 나지 않았지만, 남편은 아랑곳하지 않고 몸으로 맞닿았다. 해가 뜨겁고 무더운 날이 계속되었지만, 깻잎 모종을 들고 와서 자동으로 구멍을 뚫으면서 물을 주는 기계의 힘을 빌려 모종을 심었다. 아주 소중한 깻잎은 그렇게 나에게 왔다.

생판 아무것도 모르는 텃밭 일꾼을 생뚱맞게 보던 깻잎이 뿌리를 내리기 시작해 뜨거운 여름날을 여린 몸으로 받고 있다. 매일매일 그들은 여름의 뜨거운 햇살을 이겨내고 있다. 그리고 비가 내렸다. 여린 들깨는 뿌리를 깊게 내리면서 장맛비를 이겼지만, 실하지 않았다.

세상을 이겨내고 있었던 것은 들깨뿐만이 아니었다. 옆집과 경계를 감싸고 있었던, 트랙터의 힘을 빌리지 못했던 곳에 풀이 있었다. 풀씨의 생명은 아름답기까지 하다. 우리네 삶처럼 바람보다 더 빨리 눕고, 바람보다 먼저 일어나는 풀(김수영 시인 - 풀이 눕는다 중)처럼 풀이 그 경계를 넘었다. 그리고 마음껏 자기 씨를 뿌렸으며 더위도 아랑곳하지 않고 자라기 시작했다.

나는, 저 풀이 좋았다. 내 삶처럼 자라게 놔두고 싶었다. 그런데 그러면 안 된다는 사실을 알았다. 돌을 줍고, 풀을 뽑아 깻잎 뿌리 근처에 눕혔다. 혹시나 풀이 멀칭 효과를 줄 것 같았다. 아니면, 누군가에게 들었던 기억을 몸으로 실천하고 있었는지 모른다.

나는 비가 오지 않는 날 더위가 지나가는 오후 6시경에 나가 1시간 정도 풀멍을 한다. 정말 아무 생각 없이 오리 방석을 다리 사이에 끼고 앉아 무아지경으로 풀에 다가간다.

너무 뜨거워서, 아니면 비가 너무 쏟아져 나가지 못하는 날이면 살짝 몸이 안절부절 못한다. 어서 밭으로 나가 저 무성한 풀들을 뽑아 눕혀야지.

비가 오면 모든 초록은 흔들린다. 풀도 깻잎도 그 몸으로 받아 내기 위해 흔들고 있다.

김장배추, 무
그리고 '돈'

처음 만난 밭은 짙은 흙 냄새를 풍겼지만, 여름볕에 제대로 땅이 숨을 쉬지 않아 땅은 거칠게 굳어서 부드럽지 않았다. 땅을 트랙터로 갈았지만, 그대로 굳어가는 흙에서 불안한 마음을 드러내지 않고 농부의 말을 따라 그대로 무를 심고, 배추를 심는다.

모종의 상토가 살짝 덮여야 한다는 사실을, 한참이나 나중에 알았지만 그래도 허리를 펴지 않고 땅끝만 향해 나아간다. 다행히 무는 기계의 힘을 얻어 반자동으로 씨를 뿌리고 배추 모종은 정성을 모아 하나하나 심는다. 어떤 마음으로 땅을 보는지조차 알아채지 못한 채 그저 땅에 심었다.

아이러니하게도 배추를 심으면서 가장 먼저 고민한 것은 '돈'이다. 살아가면서 '돈'에 대한 고민은 '어떻게 하면 벌지?', '돈이 없어도 살 수 있나?'였을 뿐이다.

이 시스템을 의심한 적도 없다. 자본주의에 기생하며 자본주의적인 삶을 당연히 받아들이면서 살았다. 물론 지금도 내가 '돈'의 시스템을 이해하는 것은 아니다. 다만, 땅을 뚫어지게 보고 있으면서 '돈'이란 과연 무엇인가, 의문을 품었다.

300여 평 밭농사가 아주 잘 된다 해도 거기서 나오는 배추가 나에게 돈이 될 리 만무하다. 그런데 지금 나는 땅을 보고, 배추가 하루하루 다르게 커가는 모습을 보면서 삶이란 돈으로만 환산할 수 없는 마음이 존재한다는 사실을 깨닫는 중이다. 도시에서 일할때 성공한다라는 것은 노동의 부가가치라고 생각 했으며, 나는 꽤 부가가치가 높다고 자부하면서 평생 일했다. 그래서 나는 홀로 살아가고, 자영업자로 살아가는 것이 마땅하다고 생각했다. 일하면서 얻은 '돈'으로 저축하고, 아이들도 키웠다. 그러다 보니 나에게도 지켜야 할 가족이 생겼으며 잃어버리면 안 될 것 같은 두려움도 생겼다. 미래에 돈이 없으면 결국에는 아무것도 할 수 없다는 생각으로 살아왔다. 그런데, 갑자기 배추 한 포기를 심으면서 나는 돈의 가치에 대한 생각으로 혼란스럽다.

내가 살아왔던 세상, 맞는 것일까?

"다른 돈은 다른 세상을 가능하게 한다."
현실적이지 않지만, 그것을 꿈꾸는 사람들이 분명 존재한다는 사실에 나는 고개를 한 번 끄덕일 뿐이다.
잠시 멈칫하는 동안 배추는 날로 커갔다. 웬만한 햇빛도 이겨내고 비를 기다리다, 이제는 비도 흠뻑 맞았다. 나의 혼란스러운 내면은 중요하지 않다. 그저, 저 밭에서 새로운 인생이 보인다면, 아니 지금 새로운 삶의 문턱에 있다면 아주 조금씩 달라지고 싶다.

이놈의 세상에서 마음을 비우고, 돈의 굴레를 벗어나길 바라는 마음으로 땅을 보고, 도시에서 찌든 기운도 오로지 여기서나마 잠시 쉰다.

배추와 무와 총각무를 다 심고 나서 땅이 주는 즐거움에 잠시 푹 빠진다. 곱지 않지만, 그래도 땅의 기운이 나에게로 조금은 도착한 것을 느낀다. 도시인의 로망인 초록의 땅과 푸르른 하늘을 권태롭지 않게 여기며 살아가기 위해 오늘의 하늘과 내일의 하늘이 다르다는 것을 알아차리리라. 점점 씨앗이 그 험한 땅을 뚫고 자라기 시작했다.

배추는 비를 맞고 넓적하니 옆으로 짙게 누웠고, 연한 알타리 이파리는 그대로 솎아 샐러드를 만들었다.

들어가는 것이라고는 사과식초와 소금 쪼끔, 올리브유와 토마토뿐인 샐러드가 맛난 것을 처음 느낀다. 삶은 달걀 하나 예쁘게 썰어 넣어 단백질까지 곁들인 것은 신의 한 수다.

그 옆에서 같은 시기에 파종한 쪽파는 지금 예쁘게 잘 자란다. 지난주 비가 며칠째 내리는 바람에 풀 매고, 돌 주우러 밭에 들어가지 못했다. 그사이 비는 배춧잎을 자라게 했고, 몇 포기는 벌레들도 포식했다. 권태는 아직 오지 않았으며 매일 다른 밭을 보니, 기쁘다.

밥 한 끼의 연대,
한 공기의 사랑

날이 저물어 갈 무렵이면 봄담의 초인종이 울린다. 2주에 한 번 함께 책을 읽는 사람들이 일을 마치고 오기 시작한다. 서로 다른 일을 하는 사람들 여섯이 이곳 봄담으로 온다. 지금까지 살면서 한 번도 연이 닿지 않았던 낯선 사람들이 어느 날 함께 밥을 먹는 사이가 되었다.

이들을 만난 것은 아마도 '철학자 강신주'의 연이 아닐까. 이방인이었던 청년 시절을 지나 겨우 터를 잡고 살았는데, 나는 다시 이방인이 되어 창이 있는 나의 작업실에서 강신주의 「철학 vs 철학」의 어느 페이지를 느리게 읽고 있다. 밖에서는 '얼뚝'이라는 협동조합에서 도로포장을 하고 있었고 도로공사가 아직 마무리되지 않았던 시간이다. 한여름의 시작으로 너무 더워 창문을 활짝 열었고, 마침 휴식 시간이었던 얼뚝의 찬송 씨와 내 책이 아주 우연히 마주쳤다.

독서모임 '한 공기의 사랑'을 만나는 순간이다. 마침 그들이 읽고 있던 책이 강신주 작가의 「한 공기의 사랑, 아낌의 인문학」이다. 그렇게 마주했다. 낯선 곳에서 우연히 마주친 연이다. 처음부터 사람을 좋아하는 공간으로 지어진 봄담이다. 타자와 만나는 공간, 하지만 그것도 서로가 공감하지 못하면 이루어지지 않는다. 혼자 아무리 사랑한다고 해도 상대가 움직이지 않을 때가 있듯이.

'한 공기의 사랑'은 나에게, 어쩌면 지금은 우리 모두에게 행복이라는 단어를 선물한 것 같다.

'한 공기의 사랑'과 한 끼의 밥을 먹으면서 나는 낯선 이방인의 어설픈 고립을 스스로 해방시키고 있다. 아직은 봄담이 뿌리를 내릴 준비를 했다거나 온전히 이 마을 주민이

된 것은 아니다. 그렇다고 무조건 겉도는 것도 아니다.

책을 읽기 전에 저녁밥을 함께 먹는다. 저녁밥을 먹다 보니, 우리는 수다를 하고 수다를 하다 보니 서로의 다른 생각이 나온다. '독서' 모임은 그렇게 해서 한 끼의 밥을 먹고, 시를 낭송하고, 노래도 부르다, 목공도 하고 피크닉에서 생일파티도 하는 사이가 되었다.

밥을 먹는 사이는 정겹다. 서로에게 다정하게 다가가고 독서 모임의 질도 한층 높여 준다. 말을 아끼는 것이 아니라 서로에게 말을 준다. 내 말과 너의 말을 들으면서 기어코 서로의 내면에 '다정한 기운'을 보내기 시작한다. 그렇게 밥 한 끼 먹는 '한 공기의 사랑' 모임은 나를 여기 봄담에 있게 한다.

느리게 책을 읽던 시간도 잠시, 시골살이가 일상이 되어 가던 어느 날 나는 밭이 주는 또 다른 욕망에 휘둘려 도시처럼 바쁘게 지내다 결국 한 해를 넘기기 전 몸살을 앓았다. 사람은 아플 때 가장 많이 외롭다. 마침 그날 '한 공기의 사랑' 송년회가 있는 날이었는데 모임을 취소하지 못했다. 그렇게 모두 봄담으로 왔다. 시집 한 권을 읽고 시낭송으로 한 해를 마무리하기로 한 날이기도 했다. 모두 거실에서 시 낭송을 하고, 나는 침대에 누워 '한 공기'님들이 해 준 따뜻한 한 끼의 밥과 약을 먹고 자다가 일어나 기어코 시를 읽었다.

봄날이다.
'한 공기'님들이 가지고 온 오가피, 두릅, 엄나무순, 곰취, 미나리, 청갓, 머위순과 머윗대들이 어떤 것은 날것으로 어떤 것은 직접 키운 들깨로 짠 들기름을 넣어 오물오물 무쳐 봄담 식탁에 차려진다. 허기지게 일하고 온 우리는 게 눈 감추듯 상을 비운다.
밥 한 끼가 새로운 가족을 알리는 순간이다. 세상을 바라보는 순간이 따숩다.